“大运河人物故事”丛书

丛书主编 张廷皓

治黄通运理念创新者

万恭

周广骞 著

南京出版传媒集团 南京出版社

图书在版编目（CIP）数据

治黄通运理念创新者——万恭 / 周广骞著. -- 南京：南京出版社, 2025. 3. -- (“大运河人物故事”丛书).

ISBN 978-7-5533-5198-8

Ⅰ. K827=48

中国国家版本馆CIP数据核字第2025MY6135号

丛 书 名 大运河人物故事
丛书主编 张廷皓
书　　名 治黄通运理念创新者——万恭
作　　者 周广骞
出版发行 南京出版传媒集团
南 京 出 版 社
社　　址 南京市玄武区太平门街53号
邮　　编 210016
联系电话 025-83283873、83283864（营销）　025-83112257（编务）

策划统筹 卢海鸣　徐　智
责任编辑 徐　智
装帧设计 王　俊　张　淼
责任印制 杨福彬

排　　版 南京新华丰制版有限公司
印　　刷 江苏扬中印刷有限公司
开　　本 787毫米×1092毫米　1/32
印　　张 3.875
字　　数 53千
版　　次 2025年3月第1版
印　　次 2025年3月第1次印刷
书　　号 ISBN 978-7-5533-5198-8
定　　价 15.00元

总 序

大运河是中国人民的伟大创造。这条始建于公元前486年的人工水道，作为中国历史上贯穿南北的大动脉，集漕粮运输、商旅交通、军资调配、水利灌溉等功能于一身，不但加强了全国各地区间的政治、经济联系和文化交流，维护了多民族大一统国家的稳定和发展，而且使北方的丝绸之路和南方的海上丝绸之路在古老大陆的东方形成了闭环，因而具有世界意义。时至今日，大运河沿岸遍布城镇、码头、仓库、船闸、桥梁、堤坝等各类遗存，构成了中国乃至世界范围内罕见的线性文化带，并成功地在2014年6月22日第38届世界遗产大会上入选《世界遗产名录》。2017年6月，习近平总书记对建设大运河文化带作出重要指示，指出“大运河是祖先留给我们的宝贵遗产，是流动的文化，要统筹保护好、传承好、利用好”。2019年2月，中共中央办公厅、国务院办公厅联合印发《大运河文化保护传承利用规划纲要》，就进一步保护好、传承好、利用好大运河沿线的丰富文化遗产提出了明确要求。

回顾大运河萌芽、发展和演变的过程，诸如国家政策、政治形势、军事需要、地理环境等，虽然也都会对其历史变迁产生一定程度的影响，但从根本上来看，“人”的作用往往显得更为重要。千百年来，大运河的规划者、开凿者、建设者、管理者、治理者，以及其他与大运河有关的各类人物，凭借着不拘一格的思考方式、与时俱进的思维理念、突破常规的制度创新、因地制宜的技术方法革新，比较圆满地解决了大运河形成过程中所遇到的自然、运输和管理等一系列问题，实现了大运河从地区性到整体性、临时性到制度性、零散性到系统性的质变。这些大运河历史上涌现出的杰出人物，作为创造、改变和塑造大运河的主体和关键，其思想观念中闪烁着的智慧光芒，和一言一行中表现出的担当作为，不仅是大运河历史上无比珍贵的宝藏，同时也是彰显和传播中华民族灿烂文明的重要文化遗产，值得我们进一步挖掘和弘扬。

与蔚为大观的河道变迁、漕运制度、城镇商业、文化风俗等成果相比，有关大运河人物的研究相对薄弱。为了展现大运河深厚而丰富的文化内涵，传承和弘扬中华优秀传统文化，南京出版传媒集团（南京出版社）决定推出一套“大运河人物故事”丛书。这套面向广大青少年读者的普及性读物，精选历代与大运河有关的著名人物，时间上从春秋战国直至民国时期，空间上则覆盖隋唐大运河、京杭大运河和浙东运河。每册均邀请学有专长的作者撰写，力图在准确把握史实的基础上，用生动活泼的语言文字，引人入胜的故事情节，丰富多彩的知识拓展，刻画每一位大运河人物的主要经历，涉及凿河规划、水利建设、漕运管理、治运思想与实践、研究著述以及后世影响等，在折射大运河变迁轨迹的同时，充分展现出这些人物与大运河的密切关系，以及对大运河的变迁所发挥的作用。

青少年是国家的未来和民族的希望，肩负着实现中华民族伟大复兴、建设社会主义现代化强国的历史重任。近年来，南京出版传媒集团（南京出版社）先后推出了“抵御外侮——中华英豪传奇”“抗战十四年·中华儿女传奇”等多套青少年读物，在培养青少年爱国主义精神、培育和践行社会主义核心价值观等方面，起到了十分积极的作用。衷心希望“大运河人物故事”丛书能成为广大青少年认识和了解大运河历史文化的良师益友，在深化他们对大运河文化内涵认知的同时，展现中华民族的聪明才智和中华文明的灿烂辉煌，为他们的健康成长树立文化自信，使之成为将来建设国家的栋梁之材。

张廷皓

（作者系中国文物学会大运河专业委员会主任委员、中国文化遗产研究院原院长）

目 录

引　言

京杭大运河贯通南北，是书写在华夏大地上的壮丽史诗。无数仁人志士带领勤劳勇敢的中华儿女，以战天斗地的精神、审时度势的智慧、坚韧不拔的毅力、佑护民生的担当，开凿出蜿蜒1700余公里的大运河，串联起海河、黄河、淮河、长江、钱塘江五大水系，密切了南北经济联系，保证了国家的稳定与统一，形成了丰富多彩、灿烂辉煌的运河水利文化。在京杭大运河开凿与使用的历史上，黄河安澜与运河畅通成为紧密联系的整体。特别是自明代以来，运河成为江南漕粮和大量物资供给北京的唯一通道，如何治理以善淤、善决、善徙著称的黄河，保证运河的畅通，就成为摆在明代朝廷与治河官员面前的一道难题。

展开明代黄河、运河奔流与治理的泛黄史书，黄河波涛如山，奔流东注；运河闸堰森严，帆樯如林。自然的伟力、名臣的智慧、先民的勇毅在这里碰撞融合，描绘出一幅幅惊天地、泣鬼神的宏大画卷。在这幅画卷上，宋礼、陈瑄、白昂、刘大夏、潘季驯等著名治河人物如同熠熠生辉的明珠，在黄运的波涛中闪着穿越时空的智慧之光。而在他们中间，万恭是具有鲜明特色，并作出特殊贡献的著名治河人物。他担任总河前后28个月，凭借丰富的学识、敏锐的眼光、辛勤的实践，总结出治理黄河、保障漕运的诸多规律，取得了治理黄运的显著成绩，同时也留下了一部饱含治河经验与智慧、深受后世重视的治河名著《治水筌蹄》，成为明代治黄通运理念的创新者。特别是他首先提出的“束水攻沙”等治河理念，在治河名臣潘季驯那里得到广泛应用，并指导了晚明与清代的治河保运工程，产生了深远而巨大的影响。

让我们穿越五百年时空，来到明代中后期那个波澜壮阔的时代，共同阅读万恭富有传奇色彩的壮丽人生，审视他治河通运的智慧与才华，近距离感受中华儿女的气魄、能力与伟大业绩。

第一章　早年仕宦　才华初显

唐代的青年才子王勃在千古名篇《滕王阁序》中盛赞南昌“物华天宝、人杰地灵”。千百年来，从钟灵毓秀的南昌走出了无数才人名士。岁月流转，在明代中后期，南昌又出了一位才智超群、心系民生的经世名臣。他就是积极创新治河理念，并对后世产生巨大影响的万恭。

家风濡染塑品格

万氏是南昌游溪大族。南宋建炎中，万氏先人南渡，在南昌一带扎下根来。自南宋以来，万均节绍兴二年（1132）进士登第，万存理考中嘉定十二年（1219）举人，万有信担任琼州百户，万仕坚曾任广平府同知。万恭在回顾家族历史的时候，曾经感慨道：“万氏族人偶有登仕，多数都是普通百姓。但万氏注重儒学，喜好读书，族风谨慎淳厚，因此代代绵延，长盛不衰。”正德十年（1515）八月，万恭就诞生在这样一个家族中。

万恭，字肃卿，别号两溪，晚年自号洞阳子。万恭生来就很瘦削，但是目光炯炯，聪慧异常，人人见了，都连声说：“这孩子真不一般！”啧啧赞叹不已。万恭的祖父万坦对万恭非常钟爱。万恭回忆说：“我的祖父为人耿介，但对我非常宽容，从来没有打过我。不论是吃饭，还是出门，祖父总要拉着我的手才放心。”万坦对万恭寄予厚望，曾感慨地说：“我这一辈子没有做过一件不义的事。万家将来发扬光大，就靠我的孙子万恭了！”万坦为人正直，疾恶如仇，听到有人为非乡里，就气得整天吃不下饭。万恭年幼时，有一年家里断粮，万恭正患重病。有位亲戚送来一块牛脯，万恭高兴得拉着万坦的衣服，连声说要吃。万坦本来就对这位亲戚的品行不满，怀疑这牛脯来路不正，就猛地把牛脯摔到地上，连声让万恭的祖母姜氏赶快还回去。祖父的言行深深刻在年幼万恭的心中，培养了他正直坦荡、疾恶如仇的宝贵品格。

万恭的父亲万文炳早年辛勤攻读。家里贫寒异常，冬天没有钱生火御寒。万恭的母亲胡夫人把干草填到木

小贴士：徐阶

徐阶（1503—1583），字子升，号少湖，一号存斋，松江府华亭县人。徐阶是明代中期名臣，嘉靖后期至隆庆初年担任内阁首辅。嘉靖二年（1523），徐阶考中探花，担任翰林院编修，后来做到少师兼太子太师、吏部尚书、建极殿大学士。嘉靖皇帝驾崩时，他负责起草遗诏，革除嘉靖弊政，确保了政局平稳过渡。隆庆二年（1568），徐阶告老辞官。万历十一年（1583）去世，朝廷追赠他为太师，谥“文贞”。

桶中，让万文炳把脚放在里面取暖。万文炳苦读多年，一直科举不利，后来长期在休宁设馆授徒为生，补贴家用。万恭年幼时，母亲胡夫人悉心教诲，督促万恭学习，如同严师。万恭十岁就能写出很好的文章，徐阶曾考核学子，对万恭的才华大加赞赏。后来，万恭离家赴休宁，跟随父亲学习。嘉靖十九年（1540），万恭参加完乡试后，回到休宁寓中。这时万文炳正要登船远行。他登上船，徘徊了一会儿，又走下来，对万恭说：“科考是人生大事，我还是等你发榜之后再出门吧！”这次，万恭顺利考中举人，万文炳非常高兴。嘉靖二十三年（1544），万恭又如愿考中进士，家境也逐渐宽裕起来，父亲的细心培养终于得到了回报。万文炳待人宽厚，为善乡里。在万恭考中进士那一年，南昌一带发生饥荒。万文炳拿出家中余粮，接济贫困的邻里亲族，从没有趁机抬高粮价。此外，村里有人多次说万文炳的坏话，万文炳从不和他计较。后来，那个人家中失火，万

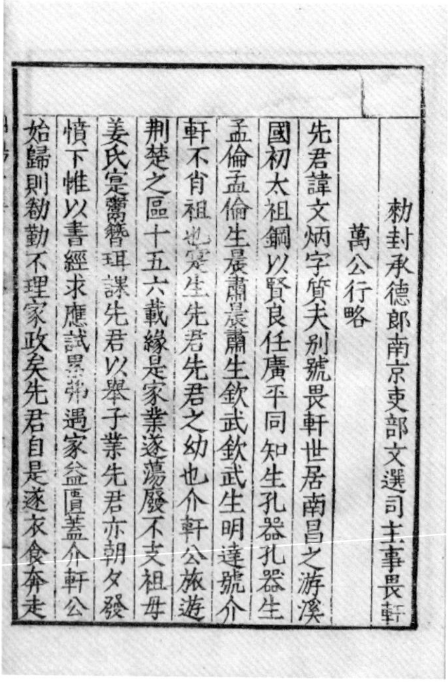
勑封承德郎南京吏部文選司主事畏軒
萬公行略
先君諱文炳字質夫別號畏軒世居南昌之游溪
國初太祖鋼以賢良任廣平同知生孔器孔器生
孟倫孟倫生晟肅晟肅生欽武欽武生明達號介
軒不肖祖也寔生先君先君之幼也介軒公旅遊
荆楚之區十五六載緣是家業遂蕩廢不支祖母
姜氏寔鬻簪珥課先君以舉子業先君亦朝夕發
憤下帷以書經求應試累弗遇家益匱蓋介軒公
始歸則劬勤不理家政矣先君自是遂衣食奔走

万恭为其父所撰《畏轩万公行略》明刊本书影

文炳带着僮仆赶去救火。第二天，那人愧疚地登门感谢道："我过去得罪过您，昨天为什么还要全力相救呢？"万文炳说："我当时就是一心想着救火，其他的都没考虑。"万文炳曾经对万恭说："人的心中有所畏惧，才不敢做恶事。"因此自号为"畏轩"。万文炳用自己心存敬畏、见义勇为、敢于担当的宽厚品格，给年青的万恭树立了良好的榜样。

任职两京展才华

在万恭考中进士后，万文炳对他说："今后你就要像古人那样，做出一番事业来。这样我即使贫苦一生，也没有什么好遗憾的。要是能忠孝兼顾的话，你就请求到南京任职，这样回家探望还方便些。"嘉靖二十三年（1544），年轻的万恭离开家乡，担任南京吏部文选主事。万恭"神采焕发，进止雍容"，又"性警敏，善思索"，精明强干，充满年轻人的蓬勃朝气。当时，郑晓、欧阳德都是南京很有名望和影响的大臣。万恭和他们交往很多，议论时事见解深刻，提出措施也都切实可行，深受他们的器重。后来，他又转任吏部考功郎中。

这时正好碰上寿王去世，运送寿王棺椁的船只经过龙江，南京官员循礼迎接。寿王府里的大太监非常傲慢，坚持要让官员们朝见王妃。各位大臣慑于太监的威势，面面相觑，一时间不知道如何是好。这时，万恭没有提前和大家商量，就厉声说道：“按照礼仪，大臣连皇后都不能朝见，何况是王妃呢！”应对得有理有据，坚定斩截。太监原本理亏，被万恭的气势一下子镇住了，一句话也说不出来，气焰随之消了大半，再也不敢有什么出格的言行了。

南京明故宫午门

嘉靖二十六年（1547），万恭父亲去世，他循例回乡守孝。服除后，万恭仍请求在南京任职。吏部本来要任命万恭为学政。正好这时颇为赏识万恭的徐阶主政，他说："让万恭选拔人才当然很好，让他来甄别官吏不是更合适吗？"不久，万恭就被任命为吏部考功郎中，主持官吏考核事务。原来负责考核的官员为了避嫌，往往谢绝应酬。万恭却同往常一样，经常和官员交往，有意无意地谈及政务。别人感觉万恭很平易近人，大小事情都随问随答，毫无避讳。万恭因此对各衙门官员的优劣政绩了如指掌，提出的考核意见公平中肯，不偏不倚，谁也挑不出毛病。有位姓金的御史弹劾他的同僚贪污，但是又拿不出证据，万恭并没有理会。金御史非常生气，就诬告万恭欺骗皇帝，别人都很为万恭担心。万恭心底无私，从容说道："这个不用担心，金御史多行不义，一定会自己倒台。"对金御史的诬告根本不放在心上。没过多久，金御史果然被弹劾去职，人们都非常佩服万恭的见识。在万恭的努力下，吏治为之一新。万恭也因为刚正不阿、考功平允，而赢得了很好的声誉，他接着担任南京光禄少卿、太仆寺卿、鸿胪寺卿，后来又被任命为大理少卿，赴北京任职。

在到北京就职后，他细心断案，显示了出众的才能。此外，他的军事才能也在这时得到了初步展现。当时蒙古军队南下，前锋已经抵达通州，北京戒严，大臣分段守城。万恭看到为了加强城防，士兵白天晚上都要守城，长时间得不到休息，都非常疲劳。万恭首先撤下旗鼓，不让士兵在城上巡更，同时把士兵分成几队，负责戍城的严密守卫，其他士兵抓紧时间休息。皇帝派太监趁夜暗中检查京城防务，看到其他大臣的防区火炬熊熊，金鼓声不断，只有万恭的防区黑漆漆，静悄悄。待到走近一看，城上士兵严密观察城外的动静，精神抖擞，防守有备，井然有序。太监回去禀报，嘉靖帝感觉万恭这人很不一般，就专门询问原因。万恭回答道：“在城上点火炬，敲金鼓，会让士兵看不清城外的情况，听不清城外的动静，并不利于防守。”皇帝一听，连连说好。这件事给嘉靖帝留下了很深的印象。嘉靖帝大力整顿军务，提拔万恭为兵部右侍郎，又任命湖广参政李燧为兵部侍郎。万恭“感激知遇，思捐躯图报”。他积极筹划边防，整顿军营积弊，并给皇帝上疏，提出选兵、议将、练兵车、火器等十项措施，都得到批准，并付诸实施，因此“不到一个月，边防士气就有了明显

小贴士：兵部侍郎

兵部次官，最初设置于隋大业三年（607），为正四官员。此后，唐代、宋代都曾设立。明朝建立后，明太祖朱元璋于洪武元年（1368）设立吏、户、礼、兵、刑、工六部，各部设尚书、侍郎等官，隶中书省统辖。后来，朱元璋废除宰相制度，六部直接由皇帝领导，兵部侍郎成为正三品官职。兵部侍郎为皇帝提供军事方面的建议和意见，参与国家重大军事行动的策划和决策；对全国的军队进行管理和监督，包括军队的训练、装备以及战斗力的保障等，还负责选拔和任命将领，让有才能的人担任重要职务。在一些战争中，甚至可能会被任命为前线指挥官，直接参与战斗。

提升”。次年，李燧去职，众将推万恭继任。当时他正患病，便因为生病没有答应，于是朝廷就任命了赵炳然。不久，万恭病愈，重新办公。给事中胡应嘉弹劾万恭奸欺，沽名钓誉，谋取高位，可是却躲避繁难工作。靠着徐阶的积极争取，万恭才没有被追究。但他心存不安，主动要求巡边立功，被任命为佥都御史巡抚山西。

戎马山西护边关

万恭出京西行，日夜兼程。还没有赶到山西，他就在途中接到了蒙古俺答汗率领万余骑兵在龙须墩列阵的军情。万恭深知明军还没有做好作战准备，不能仓促出兵，就下令各军不要轻易出战，而是坚守堡垒，以逸待劳。同时他派出精兵，扼守蒙古军队的必经要道，并

杨时宁等编《宣大山西三镇图说》（部分）
万历三十一年彩绘本

小贴士：俺答汗

孛儿只斤·俺答（1508—1582），蒙古右翼土默特部首领，又称“俺答汗”“阿勒坦汗”。俺答早年受封为土默特万户，驻牧丰州滩，和他的哥哥济农衮必里克南征北战。嘉靖二十一年（1542），担任右翼三万户领袖。俺答屡屡率军侵犯边塞，进入明朝疆域，并于嘉靖二十九年（1550）包围北京，制造庚戌之变。俺答一直谋求与明朝“通贡”与互市。隆庆年间，以其孙把汉那吉投降明朝事件为契机，与明朝达成隆庆和议，并在隆庆五年（1571）受封为“顺义王”，开创了明蒙友好往来的新局面。

不时派兵骚扰蒙军。此前俺答多次率军南下，侵扰明朝边境，边帅都不敢出战，只要是守住城堡，就算是上策了。这次万恭坚壁清野，又不时派兵袭扰，俺答汗被打得措手不及，损兵折将，仓皇撤退。

万恭知道俺答汗这次绝不会善罢甘休，一定会卷土重来。因此抓紧时间备战，并制定了四条军令：“出边墙以守边墙，剿零贼以遏大贼。论血战而不论损伤，重拒堵而不重首级。”并严令：“凡是不遵命令的，按律斩首！”万恭精选骑兵七百骑，令猛将赵竭忠率领。他深知蒙军的长处在于骑射，铁骑冲锋，步兵难以抵挡。只有制造战车，才能遏住蒙古骑兵的势头。他集思广益，制造了六十辆无敌车。每辆车都下设四轮，四面围以木板，车后设两门，便于士兵出入。在四周板上挖孔，来发射火器，四轮周围绑上利刃，每车可以容纳五十名士兵。

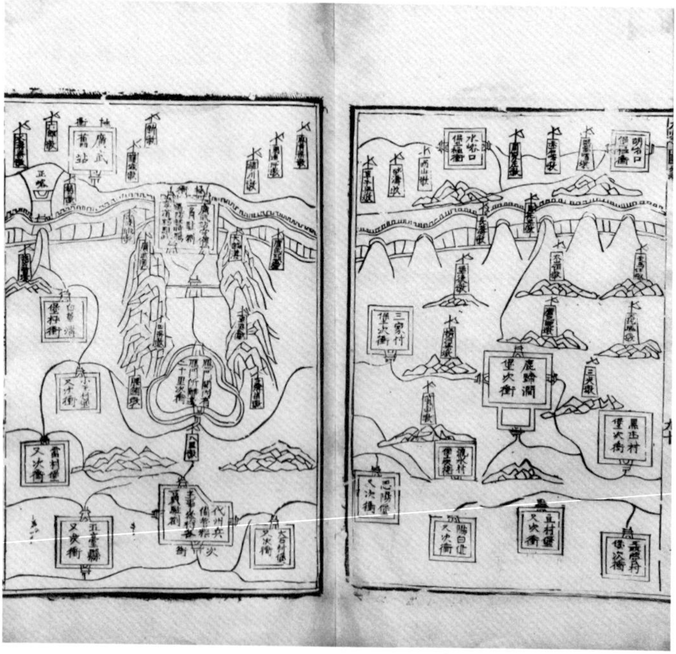

明兵部辑《九边图说》之《山西镇图说》（部分） 隆庆刊本

到了当年八月，有探报称俺答汗在高皇墓聚兵，将要进军昌蓟、延庆。万恭说：“他们这是骗人的伎俩，是想让我们放松警惕。各军一定要严密防守，不可稍有懈怠。”俺答汗果然率兵南进，窥伺大同，看到万恭防守严密，又率军东西奔袭。万恭准确判断了俺答汗的意图，率军进击，和蒙军大战于老高墓。明军排列战车，严阵以待，蒙军纵马冲锋，边冲边射，战车的车箱中箭，如同刺猬一样。车内士兵毫发无伤，在战车中火器齐发，当场打死蒙军骑兵五百多人，蒙军受挫，稍稍后退。这时风向突转，火药逆风点燃车箱，蒙军一看，又大举冲锋。赵竭忠命郭维藩弃车，持兵器迎敌，自己骑马冲入蒙军，接连砍杀几个蒙军头领。明军士气大振，冲上前去，拼死战斗，一时间尸横遍野，血洒疆场。郭维藩战死，俺答的亲侄也被打死。这场战斗从辰时一直延续到申时，最后蒙军败退逃走。蒙军没想到明军会出境迎击，更没想到明军采用车战，五百多蒙军精骑阵亡。这在明代后期是一次有名的胜仗，万恭也因此受到朝廷嘉奖。他在北部边境多次击退蒙古军队的入侵，屡建战功，同时整饬边政，修筑边墙，鼓励沿边地区发展生产，传授百姓农耕和水车的技术，对隆庆朝以后北部边疆的稳定及北方的开发做出了重要贡献。

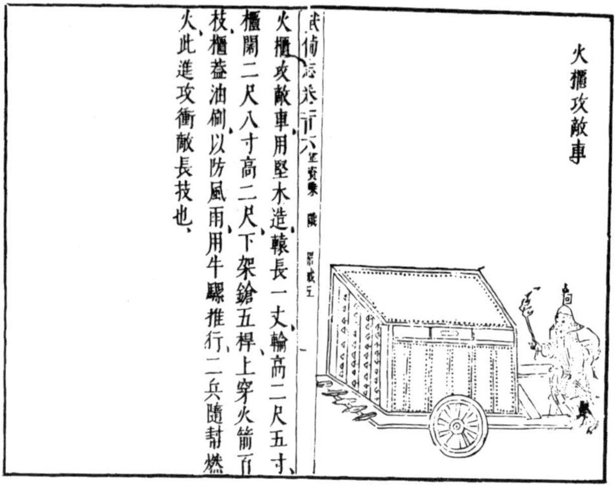

明代战车（茅元仪《武备志》卷一〇六）

嘉靖四十四年（1565），万恭母亲去世。他回乡丁忧守孝，从此开始了长达八年的故乡闲居生活。

第二章　总理河道　精心治运

黄河、运河的关系非常密切。黄河决口，往往冲毁运河，严重阻碍漕运畅通。而为保证南北漕运，部分黄河河道还曾被作为运河使用。在明代，治理黄河与借黄行运相互交织，既要治理黄河，又要借助黄河，担负治河保漕之责的官员面临着重大而棘手的问题。在明隆庆六年（1572）春天，万恭受命担任总河，投入治黄保运最前线，他的人生也因此迎来了最为高光的时刻。

黄河侵扰阻漕运

有明一代，自从永乐北迁，开浚会通河之后，京杭大运河漕粮运输就成为“军国大计”。黄河是一条东西向的天然大河，奔腾注入大海。运河是一条南北向的人工河道，离不开人力维护。明代黄河频繁决口，滔滔黄河四溢横流，百姓流离失所，茫茫大地失去了本来的面貌。破败的运河淤塞浅滞，闸坝损毁，漕船受阻，漕粮北运困难重重。这与黄河“善淤、善决、善徙”的特性密不可分。“善淤”是由黄河含沙量大决定的。黄河上中游流经的黄土高原地区土质疏松，植被覆盖率低，加上夏季多暴雨，导致山洪暴发，大量泥沙随雨水流入黄河。由于黄河水少沙多，长期淤积，导致河床不断抬高。“善淤”是在黄河下游地区，由于地势平缓，水流变缓，泥沙更容易沉积。“善决”是黄河下游河道因为

刘天和嘉靖十四年（1535）刻绘《黄河图说》

淤积严重，河床逐渐高于周围地面，形成悬河。一旦发生洪水，极易发生决口和改道。因此，黄河就有了“三年两决口，百年一改道”的说法。据统计，在1946年以前的几千年中，黄河决口泛滥1593次，较大的改道有26次。改道最北经过海河，从大沽口入海；最南经过淮河，进入长江。

万恭到任之后，马上投入对黄河的考察与黄运历史的梳理中，很快就弄清了明代以来黄河决口扰运的历史，并亲笔记述下来，保留在他的《治水筌蹄》一书中：洪武二十四年（1391），黄河在阳武决口，向东南从陈州、颍州注入淮河，元代开凿的会通河至此淤塞。永乐九年（1411），朝廷采纳济宁州同知潘叔正的建议，命令工部尚书宋礼征发民夫十五万六千人，疏浚会通河。与此同时，侍郎金纯从河南开封开挖渠道，直到踏场口，再经过二洪，向南与淮河相接。此后漕运畅通，就停止了海运。正统十三年（1448），黄河在荥阳决口，冲决张秋运河。朝

宋礼画像

小贴士：宋礼

宋礼（1361—1422），字大本，河南永宁人。洪武中，曾为国子监学生。后来，宋礼担任山西按察佥事。他持法严峻，处罚了很多贪官污吏。明成祖即位后，他因为办事敏捷干练，提拔为礼部侍郎。永乐二年（1404），担任工部尚书。九年（1411）二月，奉命开浚会通河。宋礼认采用汶上老人白英的建议，修筑戴村坝，遏汶水直至南旺，中分为二道，流通南北，补给运河。他又从南旺分水处向北设置了17座河闸，直接抵达卫河；向南到沽头，设置了21座河闸，直接抵达淮河实现运河漕运畅通。当年八月，他回到北京，论功第一，受上赏。次年，他奉命治理卫河水患，奏请自魏家湾开凿支河，泄水入土河；又从德州西北开凿支河，泄水入旧黄河，到海丰大沽河入海。不久，平江伯陈瑄修治江、淮间运河相继告竣，于是河运大为便利，漕运北上的粮食大大增加。永乐十三年（1415），停止了海运。十四年（1416），明成祖营造北京，命宋礼到四川砍伐木材。二十年（1422）七月，宋礼积劳成疾，病逝于任上。洪熙元年（1425），礼部尚书吕震请求给予宋礼葬祭。隆庆六年（1572），追赠宋礼为太子太保。

廷先后派工部尚书石璞、侍郎王永和、都御史王文堵塞决口，都没有成功。景泰四年，左佥都御史徐有贞征发民夫五万八千人，修建九堰、八闸，终于堵筑了黄河决口。弘治三年（按：当为弘治二年，即1489年，万恭记述有误），黄河在原武决口，分为三道，其中北道洪水从封丘金龙口，经过祥符，直下曹、濮，冲决张秋运河堤防。朝廷命令户部侍郎白昂征发民夫二十五万，堵筑了黄河决口。弘治五年，黄河又在金龙口决口，经黄陵冈，再次冲决张秋运河。朝廷命右副都御史刘大夏、平江伯陈锐，征发民夫十二万人，经过两年治理，终于堵筑了黄河决口。正德四年（1519），黄河在曹县杨家口决口，经沛县飞云桥，冲入运河。嘉靖六年（1527），黄河在曹县、单县、成武决口。嘉靖九年，黄河在单县侯家林决口。嘉靖十九年，黄河在野鸡冈决口，冲入涡河，经过亳州，汇入淮河。嘉靖二十六年，黄河在曹县决口。三十二年（按：当为三十一年，万恭记述有误），黄河在房村决口。

万恭在所著《治水筌蹄》中的记述更为详细，这里转录了其中较大的几次黄河决口。即使这样，仍然可以清楚地看到明代黄河决口之频繁、危害之深重。朝廷

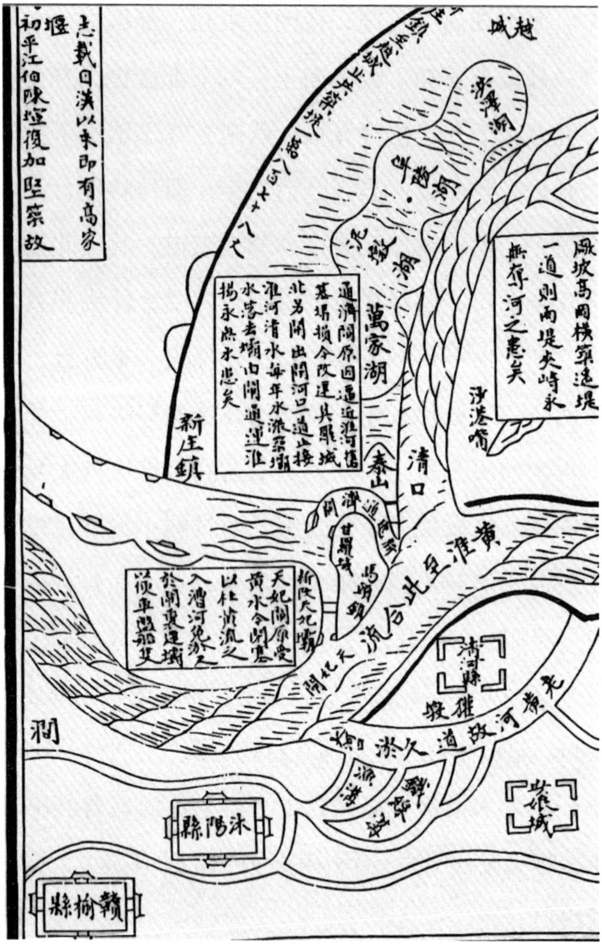

明代《两河经略》附图（黄淮合流部分）

弘治帝画像

上下对治理黄河的目标非常明确，弘治皇帝在给刘大夏的诏书中写道："我听说古人治理黄河，只是为了除民之害；今日治理黄河，乃是恐怕黄河会妨碍运道，以致耽误国计民生，关系实在是很大啊！"明朝中叶以后，由于黄河北流基本断绝，而南岸分流又危及凤阳皇陵和泗州祖陵。因此，治河便又增加了一层护陵的任务。此外，为了防止黄河泛滥，使广大黄淮下游地区百姓免受水害及流离之苦，保证东南地区的财赋转运，民生也是需要重点考虑的问题，这就大大加剧了治河问题的复杂性。正如谢肇淛所说：“今日治理河道，上要保护陵

小贴士：谢肇淛

谢肇淛（1567—1624），字在杭，福建长乐人，号武林、小草斋主人，晚号山水劳人，明代博物学家、诗人。万历二十年（1592），考中进士，历任湖州推官、东昌司理，南京刑部主事、兵部郎中、工部屯田司员外郎等职。三十九年（1611），转工部都水司郎中，督理北河，驻节张秋。天启元年（1621），担任广西按察使，官至广西右布政使。谢肇淛入仕后，历游川陕、两湖、两广、江浙各地名山大川，所至皆有吟咏，雄迈苍凉，写实抒情。重刻淳熙《三山志》，著有《五杂俎》《太姥山志》。在工部都水司郎中任内，曾编纂《北河纪》，详细记述河流原委及历代治河利弊。

寝，以防黄河满则溢；中要保护运道，以防黄河泄而淤；下要保护城郭人民，以防黄河冲毁家园，百姓心生谤怨。”治理黄河左支右绌，非常艰巨困难。

但明代治河官员们面临的不仅是要千方百计防止黄河冲决运河，而且还要借助黄河河道来行运，这就使得原本就非常艰巨的治黄工程变得更加复杂和棘手。堵筑黄河决口，避免让滚滚黄河水侵扰山东一带会通河的通航，不知耗费了历代河臣多少心血与精力。这同样也是摆在万恭面前的一道难题。

危急之秋任总河

嘉靖四十四年（1565），黄河在沛县决口，徐州以上数百里间皆成泽国，而沛县上下二百多里运道阻塞，河道分成南北两系，支流更多，“有的决口四溢，有的冲入漕河，至湖陵城口，菏水散漫，形成湖陂，一直到达徐州。一望浩渺无际，黄河洪灾达到了极为严重的程度”。这年八月，朝廷任命朱衡为工部尚书兼右副都御史，治理运河。隆庆元年（1567），黄河向南冲入浊河、鸡爪沟，流入徐州洪。隆庆三年（1569）、四年，黄河洪水泛滥，徐州上下都积水成湖。隆庆四年（1570）八月，朝廷再次任命原任都察院右副都御史潘季驯总理河道。

隆庆五年（1571），黄河在双沟以下河道，向北在油房口、曹家口、青羊口决口，向南在关家口、曲头集口、马家浅口、阎家口、张摆渡口、王家口、房家口、

治河名臣潘季驯画像

小贴士：潘季驯

潘季驯（1521—1595），字时良，号印川，浙江乌程人。明朝中期官员、水利学家。嘉靖二十九年（1550），登进士第，曾在江西、广东等地任职，推行“均平里甲法”。从嘉靖四十四年（1565）开始，到万历二十年（1592）止，曾先后四次总理河道，主持治理黄运27年，累官至太子太保、工部尚书兼右都御史。二十三年（1595）逝世。著有《河防一览》《两河管见》《宸断大工录》《留余堂集》。潘季驯在总结前人经验及长期治河实践中，完善了“筑堤束水，以水攻沙”的治黄方略和“蓄清（淮河）刷浑（黄河）”以保漕运的治运方略。在他的主持下，黄河沿岸淮扬间修筑堤坝，堵塞决口，并加筑洪泽湖东岸高家堰，约束淮河，进入清口，使二水并流入海。两河工成后，河道数年间没有发生大的水患。其治黄通运方略和“筑近堤（缕堤）以束河流，筑遥堤以防溃决”的治河工程思路及相应的堤防体系、修守制度，直至清末仍是治河主导思想，为中国古代治河事业作出了重大贡献。

白浪浅口，一共11处决口。等到冬天黄河水小，干流已经在匙头湾一带淤成平沙，损失漕船一千多只。这时，朝廷上下议论纷纷，有的说“湖漕”不能再用，有的说要开胶河，有的说要开泇河，有的说要行海运，莫衷一是。潘季驯征发民夫五万人，开掘匙头湾河道，堵塞决口，积极治理运道。但黄运形势依然非常严峻，漕船损失严重。隆庆五年（1571）十二月，潘季驯遭到弹劾，被罢免了职务。这时，给事中刘伯燮举荐万恭才能出众。隆庆六年正月，朝廷任命工部尚书朱衡兼任都察院

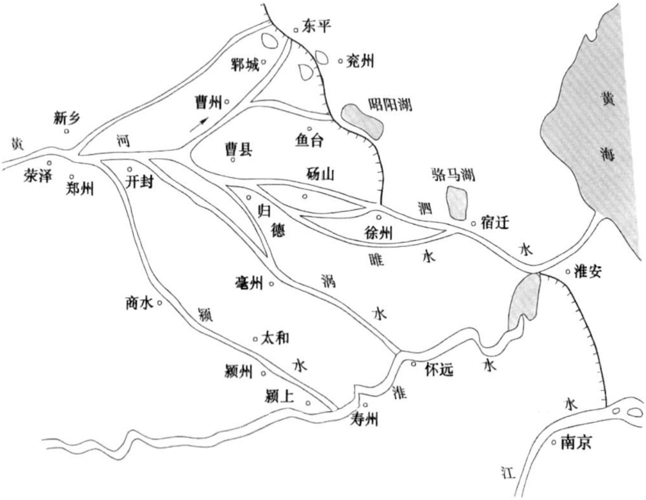

黄河、泗水与会通河关系（15—16世纪）
（《中国大运河遗产构成及价值评估》）

小贴士：朱衡

朱衡（1512—1584），字士南，号镇山，江西万安人。嘉靖十一年（1532），考中进士，担任尤溪、婺源知县，颇有治声。历任刑部郎中、福建提学副使、山东布政使、右副都御史、工部右侍郎。嘉靖四十四年（1565），担任南京刑部尚书，改任工部尚书兼右副都御史，总理河漕。当时黄河在沛县决口，运河淤塞百余里，旧河道淤塞成平地。朱衡坚持重新疏浚盛应期所开新河一百九十四里，使得漕船得以由境山通行至南阳。他又开挖了四条支河，泄水入赤山湖。隆庆元年（1567），加封太子少保，万历二年（1574）致仕。十二年（1584）去世，赠太子太保。著有《道南源委录》《朱镇山先生集》。

左副都御史经理河工。同月，朝廷又任命万恭为兵部左侍郎兼右佥都御史总理河道，提督军务。当年闰二月初九日，潘季驯交代离任，万恭正式就任总河。万恭这次担任总河，可谓是临危受命。他虽然已经有了充分的思想准备，但眼前的景象还是让他大为震惊。万恭奔波于治河一线，实地勘察，多方了解，反复思考，在治河实务中逐渐形成了自己的治河思路。

总体来看，万恭坚持河漕合一、治黄即治运的理念。他批评以前的治河失误，“漕臣言漕，河臣言河，不能贯通一体，是进饮食而不理脾胃者也，或理脾胃而不进饮食者也”。他主张漕河合一，以保证漕运畅通为根本目的，这与明代借黄行运有关。他说：“今以五百四十里（指茶城口至清河间借黄运道）治运河，即所以治黄河；治黄河，即所以治运河，知行合一，不亦便哉！”与此相关，在当时的治河论争中，他始终从治黄保漕的指导思想出发，认为国家财赋依靠东南江浙地区，江南漕船经淮、扬北行。如果不进入黄河河道，那么这五百里就要靠陆运，运输难度实在过于巨大。因此“治水者必不可使北行由禹之故道，必约之使由徐、邳，以救五百四十里饷道之缺。是不徒去河之害，而又欲资河之利也”。正因如此，他坚持束水，反对分流；坚持黄河南流，反对北徙，“苟北徙，则徐、邳五百里运道绝矣，故曰黄河南徙，国家之福也”。他主张黄河合流，不仅可以使“水专则急，河急则通”，束水刷沙，疏通河道，防止河患；而且可以避免分流过缓导致河道淤塞，河流泛滥成灾，并影响借黄一段运道的通航，阻碍漕运。

自景泰年间徐有贞治理沙湾、弘治中刘大夏塞张秋决口，筑黄陵冈大堤之后，黄河北徙冲决山东运河的危险已经基本解除。因此治河通漕的关键在于防止徐、邳一带黄河溃决，影响借黄运道的安全。所以万恭治河，“全力治理徐州、邳州一带的黄河”，修筑长堤，加强河防，保证运道的安全。万恭坚持“治河保漕”，有其现实的合理性。这是当时社会环境下的产物，对于明代封建统治的稳定与巩固以及南北交通的发展都具有一定作用，从而被清代继承下来，并产生了深远的影响。

修堤设夫理河漕

明代京杭大运河南北贯通后，分为白漕、卫漕、闸漕、河漕、湖漕、江漕、浙漕等河段。其中的“河漕”就是明代在开凿泇河、中河之前，借黄行运的黄河河道。“河漕”南端在清口与淮河相汇，向北经过桃、宿，溯二洪而上，进入镇口，直到茶城，与会通河相连，全长五百余里。《明史·河渠志》称这段运河为“涉险五百余里”，其通航难度之大可见一斑。特别是黄河夺淮入海，没有固定专一的河槽，航道走泗水故道，水量多寡不定，因此“河漕”的航运条件难以保证。明代治河名臣朱衡说：“自古治河，惟欲避害。今之治河，兼资其利。”他又说：“河流出境山之北，则闸河淤。出徐州之南，则二洪淤。惟出自境山，至徐州小浮桥四十余里间，乃两利而无害。”由此可见，努力保持这段运河的贯通，是明代黄运治理的重要任务。

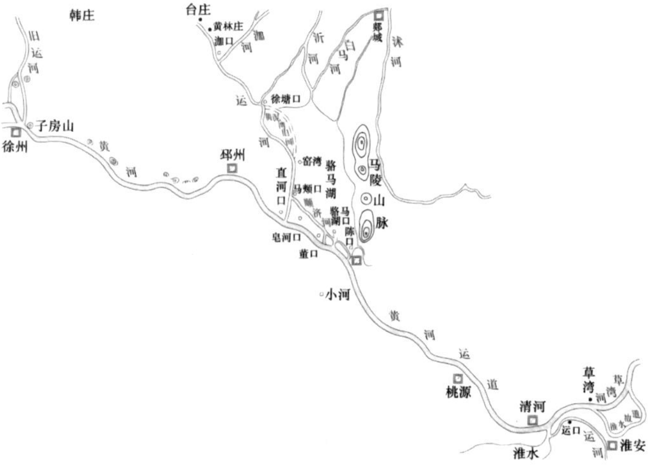

16世纪徐州至淮安运河水道
（《中国大运河遗产构成及价值评估》）

明代自隆庆以后，“河患不在山东、河南、丰沛，而专在徐、邳”。万恭就任总河之前的几年，黄河决口，分成十几条小支流四处奔流，严重干扰漕运畅通。

特别是从徐州直到宿迁县的三百七十里河道急需治理。万恭对明代治黄通运的认识也很深刻，在就任总河之后，就把治理河漕，修筑堤防，保障漕运作为最为紧迫的任务。他赶到徐州等地治河一线，带领吴自新等司道各官，用了二十多天时间，从清河到茶城，坐船沿河勘察六百余里，全面了解河情。他指出，如果把河比作人，徐、吕之间就如同人的肚腹。现在黄河下游各条旁流过多，导致正河淤塞，河水下泄不畅，因此就如同人的肚腹胀满一样。要想疏通下游，使河水得以下泄，最为紧要的就是赶紧修筑河堤，避免河水四处漫溢。他认为茶城是漕河、黄河交汇之处，河道经常淤塞浅阻，而邳、睢一带地势低下，容易遭水冲决，都是应当首先施工的河段。而宿迁以下黄河河道宽阔，河岸较高；茶城以西的黄河上游为漕船不必经过的河段，工程都可以稍缓。因此最为吃紧的主要有四段堤工。一是从境山到茶城在河道北岸修筑堤防，作为第一段堤工，立刻就要安排施工。从茶城往南，经徐州直至吕梁洪，河道两岸地势较高，山麓相连，可以不用修堤。从南岸青田浅直到关家口，从北岸吕梁城直到楞梯湾，作为第二段堤工。这段堤工再细分为三工，要重新修筑，加培高厚，都必

徐阶《疏凿吕梁洪记》拓片

须限期完工。河道南岸从关家口起，到直河止；北岸从栲栳湾起，到韩家庄止，作为第三段堤工。这段堤工再细分为五工，适当培补大堤，一定要确保堤防高厚。河道北岸从韩家庄起，直到直河为止，南岸从直河起，直到宿迁小河口止，作为第四段堤工。这段堤工再细分为五工，需要调集民夫，按段培筑。这四段堤工北起境

小贴士：吕梁洪

吕梁洪，位于徐州城东南吕梁山下，因处在古吕国吕城南而得名。水中有石梁，故称吕梁洪。历史上的吕梁洪地形险恶，洪水凶猛，《水经注》称："泗水之上，有一座石梁叫做吕梁……水流很大，波涛汹涌，非常险要。孔子曾说，这段河道连鱼鳖也不能游过。又说这里水位相差三十仞，湍急的水流直冲九十里。"吕梁洪分上下二洪，今铜山县有上洪村和下洪村，两村相距七里多。元朝京杭大运河凿通后，吕梁洪为必经之道。元朝在此设立差官，明代曾多次疏浚河道，加固堤岸。今凤冠山上仍有明代嘉靖二十三年（1544）管河主事陈洪范疏浚河道事迹的《疏凿吕梁洪记碑》，记载了吕梁洪的险恶和当时漕运情况。万历三十二年（1604），李化龙开凿泇河后，避开了吕梁洪险道，漕船大部分不再经此，吕梁洪漕运地位逐渐丧失。后来，黄河北移，吕梁渐被洪水淹没于黄河故道之中。

山、茶城，南至宿迁县小河口，需要修补、创筑的河堤共有六万二千三百余丈。万恭担心修筑堤防时间太长，一旦进入雨季，就会影响施工，因此严令治河官员督率民夫，务必在当年四月伏水未发之前完工。

小贴士：张仁愿

张仁愿（？—714），本名仁亶，后避唐睿宗李旦讳改仁愿，华州下邽人。万岁通天二年（697），升肃政台中丞、检校幽州都督，历任并州大都督府长史、左屯卫大将军、兼检校洛州长史。景龙元年（707），任朔方道大总管，统率大军抵御突厥。次年，筑中、西、东三受降城（中受降城在今内蒙古包头西，东受降城在今内蒙古托克托南，西受降城在今内蒙古乌加河北岸）于黄河北，以防御突厥。张仁愿得到唐中宗允许，暂留已经服役期满的士兵筑城。仅用六十天，就修好了三座城池。之后，张仁愿又在北方修建了1800座烽火台，建立了完备的河套地区黄河以北防御体系。此后，突厥不敢轻易南犯，朔方得保安宁，镇兵减少数万人，每年节省巨额军费。景龙三年（710），拜左卫大将军，封韩国公。同年春还朝，至秋又北上备边，迁镇军大将军。睿宗即位后致仕，加兵部尚书。开元二年（714）卒。张仁愿为相期间，重用贤才，礼待同僚，所举之人多至显贵，有文武之才，统军号令严，赏罚明，御敌有方，时称名将。

面对这样重大而严峻的任务，万恭征调民夫五万人。但是怎样既保证修堤质量，又能加快修堤速度？

他反复思考，最终借鉴唐代张仁愿修建三受降城的办法，修筑了邳州、宿迁境内的三百七十里堤防。他打破了原来的修堤办法，将五万民夫按任务多寡安置在这三百七十里堤防工地上，并设定了民夫驻扎与做工的地段，各个地段都编定了字号。这样每个人的任务都非常明确，民夫苦乐平均，勤快懒惰一清二楚，大家都没有了偷懒的想法，一门心思完成自己的任务。几百里长的大堤上万杵齐鸣，一片火热场景。万恭充分考虑到民夫的生活，安排居住地方与工地相距不远，做工居住都很方便。在万恭的调度下，工程进展很快。原本计划要施工九十天，结果六十天就完工了。计划要花费十万两白银，结果仅花了三万两。在河堤完工之后，万恭又沿堤设铺，编定字号，安排堤夫随时管理。隆庆六年（1572）、万历元年（1573），漕船在河内行驶非常平稳。在遭遇涨水的时候，修筑的大堤将洪水约束在河道之内，河堤外的农田一点也没有损失，邳州一带连年闹水灾的地方，都是成片成熟的庄稼，流离失所的百姓也过上了安定的日子。

护堤建闸保湖漕

明代从淮安到扬州的一段运河全长三百七十里。这一地区“地卑汇水，汇为泽国”，利用山阳、宝应、高邮县境内诸湖之水以通航，因此被称为“湖漕”。这段运河所经的地域地势较低，湖泊众多。在山阳县内有管家湖、射阳湖，在宝应县内有白马湖、氾光湖，在高邮州境内有石臼湖、甓社湖、武安湖、邵伯湖。为了避免淮河东侵，在淮河下游修筑了高家堰和王简、张福二堤。为了防止淮河影响漕运，明代先后开凿了淮安永济、高邮康济、宝应弘济三条运河，来保证漕船通行。在扬子湾东侧，一是从仪真通连江口，通行湖广、江西漕船；一是从瓜洲通连西江嘴，通行两浙漕船。明代拦堵湖水的高家堰屡次溃决，下游经常受到河水灌淤，导致漕运受阻。因此，这段运河尤其为治河官员所重视。

隆庆六年（1572）十一月，万恭乘船查看黄河、淮河形势，经过高邮、宝应境内诸湖，直到瓜洲、仪征。经过考察，万恭发现高邮、宝应境内的湖泊面积广阔，到了秋天，其水势更为浩大。而想要阻挡湖水侵扰，保护运河漕道，只能依靠湖侧的百里运河长堤。这座长堤

小贴士：高家堰

高家堰即洪泽湖大堤。相传东汉建安中，广陵太守陈登筑捍淮堰，其后累有兴筑，并加以延长。明永乐中，陈瑄重加修治。万历六年（1578），总河侍郎潘季驯兴工重修旧堰，从武家墩至翟坝，长约八十里。建武家墩、高良涧、周家桥三闸，以备泄洪。清康熙时，靳辅、张鹏翮先后均有增修改建。乾隆初，建有仁、义、礼、智、信五坝，蓄泄洪水。嘉庆中，移建仁、义、礼三坝于蒋家坝南，并各挑引河三道，称为三河，为洪泽湖蓄泄关键。全堤长约一百二十里。

是永乐初年平江伯陈瑄修建的，当时还在长堤上设置几十座小闸，以泄洪水。但时间一长，长堤上的小闸多有损坏。河官把修复水闸当成负担，闸座一旦损坏，就任其堙塞，不加修理。时间久了，长堤上的闸座全部堙塞，无法排泄洪水。河官又觉着挖掘湖底淤泥任务繁重，任凭湖底淤高，而一味筑高长堤。时间一长，湖底竟然比高邮、宝应城还高。万恭重新修复了长堤上的小闸，其中在仪真修建了2座，在江都修建了1座，在高邮

小贴士：陈瑄

陈瑄（1365—1433），字彦纯，庐州合肥人。自幼喜爱读书，精于骑射。青年时代入大将军幕府，后来担任都指挥同知。建文末年，迁任右军都督佥事。朱棣燕军至迎降，封平江伯。永乐初，充总兵官，总督海运，修筑天津卫城。十年（1412），因嘉定濒临大海，船舶停泊无高山可依，请于青浦筑土山。筑成之后，成祖赐名“宝山”。会通河完工后，改督漕运，造浅船二千余艘，每年运送漕粮，从二百万石逐渐增至五百万石。他又开渠引管家湖水入淮，疏浚徐州、济宁段黄河，开泰州白塔河通长江。陈瑄前后治理漕河三十年，卒于官，追封为平江侯，谥“忠襄”。

修建了10座，在宝应修建了8座，在山阳修建了2座。他还要求在长堤上的小闸一定修得密一些，这样水就有更多下泄的通道，湖水就不至于太满；又要求每座闸一定修得狭窄一些，这样湖水在下泄的时候流得就较为缓慢，不用担心冲决长堤。他还要求修闸要与水相平。这样的话，湖中水大，就能从上面流过；湖中水小，也能被闸底截住，不至于下泄过多。为了日常维护各湖，避免湖底淤高，他从仪真到山阳设立了51浅，每浅设置捞浅船2

镇水铁牛

只、浅夫10人。在万恭的治理下，湖水下泄顺畅，湖底不断浚深，湖堤培修高厚，大大方便了漕船往来。

陈瑄在治理淮安清江浦河的时候，一直开挖到天妃祠东，直接注入黄河。漕船出天妃口，很快就能进入黄河，穿过清河。时间一长，黄河水涨，冲入天妃口，清江浦一带河道渐渐淤塞。后来河臣堵塞了天妃口，又花费十余万两白银，开凿新河，修建通济闸，向北与淮河相连。原本想着避开黄河，以免河道淤塞。结果黄河伏秋水势浩大，冲入新开河，河道照旧淤塞，漕船行进困难。万历元年（1573），万恭经过勘察，开凿了天妃

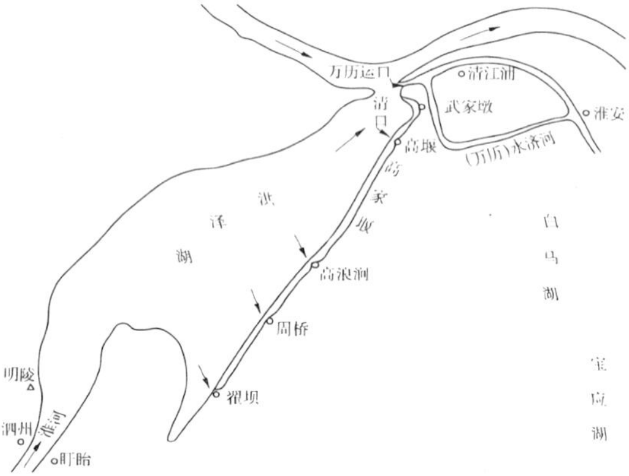

明末黄河、淮河交汇示意图（《历代治河方略探讨》）

运河，仅用四天时间，四千多艘漕船就由此顺利北上，进入黄河。为了防止黄河水大，倒灌清江浦，万恭又修建了天妃闸，漕船可以鱼贯进入清河。等到黄河水大的时候，就关闭天妃闸，避免黄河水侵入；黄河水小的时候，再打开天妃闸，以便船只通过。这样不仅方便漕船通行，而且不用每年挑浚，大大减轻了治理黄运的负担。

筑滩坎河济闸漕

元世祖忽必烈下令开凿的山东段运河又叫会通

河。这段运河自临清经南旺抵茶城，在明代被称为“闸漕”。闸漕的大部分河段是人工开挖的河道，处在黄河、海河流域中水资源最为缺乏的地区，沿途除了汶河、泗水、卫河等少数河流外，没有大的江河可供利用。因此，在这段运河上要节节修建河闸，拦蓄水源，才能保证运河正常通航。南旺分水枢纽是“闸漕”的关

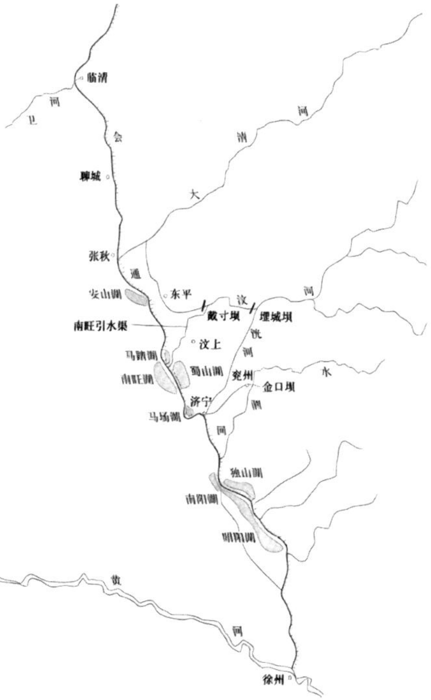

会通河（《中国大运河遗产构成及价值评估》）

键，是保障山东运河水源的控制性工程。南旺是闸漕的最高点，而且周围还有马踏、蜀山、南旺等天然湖泊，可以作为天然的调节水库。明永乐中，宋礼、白英主持修建戴村坝，堵住了汶水的入海通道，引水到南旺，南北分流。在南旺北侧修建河闸21座，在南旺南侧修建河闸17座，调节运河南北水量，确保了漕船的顺利通航。

隆庆六年（1572），万恭接受工部主事张克文的建议，从南旺北上百里，抵达戴村坝。戴村坝非常坚固，

小贴士：戴村坝

在今山东东平县东南十九里大汶河与大清河交汇处。永乐九年（1411），宋礼采用汶上老人白英建议，横截汶水，开凿引河，使汶河水直趋南旺，南北分流，北上临清，南下徐州，以增加运河水量，便利南北漕运。天顺五年（1461），知州潘洪增筑，并于堤上植柳，以资培护，后世屡有完善。戴村坝由主石坝、窦公堤、三合土坝三部分构成，是三位一体、科学完善的遏汶济运工程，至今仍发挥着固定河槽、拦沙缓洪、引水灌溉等作用。戴村坝设计极其巧妙，保障了明清两代漕运畅通，为南北经济交流、文化融合、社会发展起到了重要作用，有“运河之心”的美誉。

汶河不能冲破。再往东几里，就到达了坎河口。万恭看到汶河水向东北流去，回头对张克文说："为什么要让汶河水白白流走呢？"张克文回答说："弘治年间，汶河涨水，就从坎河口流出。这样一来，接济运河的水流就小了。虽然每年都在坎河口修筑堤防，但是每年都被汶河水冲坏，就是修的话，作用也不大。"万恭向东边望去，看到龙山一带乱石很多，就对张克文说："为什么不从龙山取石，在坎河口修建一座石滩，就像天然的滚水坝一样。要是汶河水大，就任凭它流过去，沿着故道入海；要是汶河水小，就拦下来，让汶河水全部注入运河。这样七分北上，流到天津，三分南下，流到淮安，漕运不就有了稳定的水源保障了吗？"张克文听

东平戴村坝

后，连连点头称是。

在万恭的主持下，张克文督率七千多民夫，从龙山运石，投入修建坎河口石滩的工程中。这项工程从隆庆六年（1572）仲冬开始，到万历元年（1573）孟春完工。修好的石滩宽一里多，长一里左右，高一丈有余。秋天汶河水大的时候，河水就从石滩上漫流而过，沿着下游故道流入大海。在春夏漕船运行的时候，被河滩堵住的汶河水就全部从南旺注入运河。

万历元年（1573），坎河石滩刚刚修好，接连几个月没有下雨。坎河石滩拦住汶河水，接济运河，闸河

戴村坝修建模型（东平戴村坝博物馆）

里水波荡漾，漕船鱼贯而行，非常顺畅，一点也没有耽搁漕运。工部主事张克文看到坎河石滩的效果，十分高兴，连忙把这个好消息告诉万恭。万恭听后也非常高兴，挥笔写下了《创建坎河石滩记》，以作纪念。万恭在《治水筌蹄》中多次提到坎河石滩，并感慨地说："要是今后会通河可以废弃的话，坎河口就不用修滩。要是会通河不能废弃，那么后来的治水者一定要修好坎河石滩啊！"万恭对坎河石滩的重视由此可见一斑。

后来，潘季驯在《钦奉敕谕查理漕河疏》中指出："戴村以上有坎河口，西趋盐河，为入海故道，沛然就下，势若建瓴。先年总河侍郎万恭堆集石滩，盖谓溢则纵之，平则留之，意甚善也。"也对万恭的这一工程给予了高度评价。

通运保漕惜民力

万恭深知办理黄运工程，百姓非常辛苦，一定要充分爱惜民力。他说："百姓安，河孰与不安！""山东民力半竭于河矣！"充分认识到百姓在黄运治理中投入大量的人力物力，河工已经成为百姓的沉重负担。万恭指出：“余治河必先治民，宁敝河，不忍敝民。”把爱惜民力、珍惜民命放在比治理黄运更为重要的位置上，充分体现了他的爱民思想。因此，他在治河过程中，更加注重制定合理的制度。万恭说，要用州县范围内的民夫，供应本州县的徭役。而从其他郡县借派来的民夫叫做“白夫”。“白夫，额外之征，不堪命矣！罢之。”为了减少百姓的额外负担，他要求少征发百姓无偿劳作，严令地方官负责雇人，百姓缴纳费用，不准巧立名

临清枢纽（麟庆《鸿雪因缘图记》）

目，增加百姓支出。当时河工夫役分为长夫、短夫两类。长夫的工食按年计算，短夫的工食按日计算。短夫临期征用，待遇较好，百姓很愿意受雇。万恭主张多临时雇用民夫。他说：“即有大役，募夫永不可变。宁损上，勿损下也。”认为即使官府遭受损失，也不能让参与劳作的民夫吃亏。

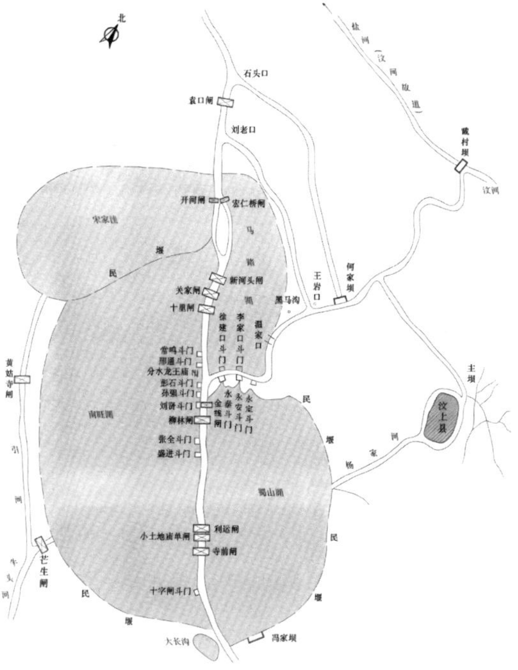

戴村坝—南旺枢纽（《中国大运河遗产构成及价值评估》）

万恭看到每年南旺分水口和三河口挑浚工程在正月开工，二月完工，认为颇不便于民工。特别是施工的时候，正赶上初春农作，影响民夫春耕。当时青黄不接，民夫工食艰难，春寒料峭，民夫做工非常辛苦。他认为若是改到九月开工，十月完工，这时秋收已经结束，民夫暇日较多，而且工食易于备办，秋高气爽，挖土疏浚较为容易，也充分考虑到百姓的感受。

在运河堤上种植柳树，平日可以遮阴固堤，碰到河堤决口，也可以砍伐柳枝制作卷埽，堵筑决口。因

南旺分水工程遗址

此，明代对运河植柳非常重视。刘天和《问水集》中提到“六柳之法”：一为卧柳，二为低柳，三为编柳，四为深柳，五为漫柳，六为高柳。万恭对植柳固堤的做法非常认可，但旧制规定，民夫种植柳树，要是没有成活的话，就要赔偿银钱。万恭深知民夫贫困，根本拿不出钱来赔偿，因此就进行了变通，规定栽种柳树，死掉一

小贴士：刘天和

刘天和（1479—1546），字养和，号松石，黄州府麻城县人。正德三年（1508），登进士第，初授南京礼部主事，出按陕西，因得罪宦官被贬。历任湖州知府、山西提学副使、南京太常少卿，又督甘肃屯政、巡抚陕西。在地方时，力革民弊，屡平盗乱，惠政流播。累官至都察院右副都御史。嘉靖十五年（1536），改兵部左侍郎、总制三边军务。改制战车，修浚墙壕，巩固边防。改授为南京户部尚书，又入朝任兵部尚书、提督团营。因言官攻击，于嘉靖二十一年（1542）告老致仕。刘天和曾总理河道，在治河上善于总结前人经验，在堵口措施和施工技术上有独特创造。其治河理论和实践保存在《问水集》中，对后代治河产生重要影响。《皇明经世文编》收录有《刘庄襄公奏疏》。

棵，就罚栽五棵，大大减轻了民夫负担，百姓都很支持。运河堤上的柳树越种越多，从张家湾到瓜洲、仪征，沿河两千多里，到了万历初年，已经种植柳树七十余万株，产生了很好的效果。

万恭也很注重体谅运卒疾苦。此前官员对运卒随船带货的管理非常严格，运卒生活困顿异常，也无钱修理漕船，对漕运影响很大。万恭规定北运的漕船，携带酒米竹木一律不加禁止。等到漕船南还的时候，允许运卒装载运量一半的货物，同时禁止官员随意搜查没收。这样一来，运卒有利可图，运粮劲头很足，而且也能及时修补漕船，对漕运非常有利。

第三章　尊崇宋礼　酬功励后

宋礼是重开会通河的元勋，但后代不显，身后凄凉，治河功劳并不被后人所知晓。万恭在担任总河后，越来越感到宋礼这样一位为明代漕运做出重大贡献的功臣，理应得到朝廷的封典与荣耀。他因此上书皇帝，为宋礼争取谥号，隆重祭祀宋礼，并重修了济宁报功祠，为宋礼争得了应有的荣光。

纪述宋礼功绩

宋礼是在明代运河治理中发挥了关键作用的重要人物。他担任工部尚书多年，主持疏浚了会通河，修建了戴村坝，引导汶河接济运河水源，为明代南北漕运畅通做出了非常重要的贡献。宋礼在完成会通河工程后，又奉命赴四川准备营建北京的木材，最终积劳病逝。他去世后，曾棨为他撰写了墓志铭，却未涉及他治理运河的功绩。宋礼的后人都不显达，也没有人向朝廷请求恩典。这样一来，宋礼这样一位有功于漕运的重要人物就被长期埋没，不为人所知晓。文渊阁大学士邱濬在行经会通河时，创作了《过会通河有感》：“清江浦上临清闸，箫鼓丛祠饱饫余。几度会通河上过，更无人说宋尚书。”李东阳在《过安平镇减水石坝有怀刘司马长句》中也吟咏道：“文皇建都向幽蓟，中导汶泗通漕纲。尚

小贴士：邱濬

丘濬（1421—1495），字仲深，琼山人，明代中期著名思想家、史学家、政治家、经济学家和文学家，被誉为“有明一代文臣之宗”。历仕景泰、天顺、成化、弘治四朝，先后出任翰林院编修、侍讲学士、翰林院学士、国子监祭酒、礼部尚书、文渊阁大学士等职，弘治七年（1494），升户部尚书兼武英殿大学士。八年（1495）去世，追赠太傅，谥文庄。丘濬好学，过目成诵，史称“三教百家之言，无不涉猎”，曾参与纂修《英宗实录》《宪宗实录》《续通鉴纲目》等书，注意经世致用之学，“尤熟国家典故，以经济自负”，举凡六经诸史、古今诗文、医卜老释之说无不深究，著有《大学衍义补》。

书宋公富经略，世上但识陈恭襄。”对宋礼身后的凄凉颇为感慨。

邱濬画像

李东阳画像

洪熙元年（1425），也就是宋礼去世后的第二年，礼部尚书吕震请求按照礼制给予宋礼葬祭。可直到弘治朝，宋礼治理运河的功绩才逐渐被提及。最初是工部主事王宠请求为宋礼修建祠堂。到弘治十七年（1504），工部左侍郎李鐩奏请朝廷为宋礼修建祠堂。正德六年（1511），礼部尚书费宏再次上奏。当年四月，正德帝颁下圣旨，准许为宋礼修建祠堂，并按时祭祀。宋礼祠堂建在南旺湖侧，并以刑部侍郎金纯、都督周长这两位曾与宋礼一同治理运河、有功于漕运的大臣配享。正德七年（1512），宋礼祠堂正式开工，直至正德十一年（1516），祠堂工程才全部完成。这时距离宋礼去世已经接近百年了。

宋公祠

万恭在担任总河后，沿运南北奔波跋涉，办理运河工程，对宋礼疏浚会通河、修建南旺分水工程有了更为深刻的认识，也越来越敬佩宋礼在治运保漕的巨大功绩。隆庆六年（1572），万恭治理运河，经过戴村，修筑了坎河口石滩。之后又谒见祭祀白英的白老人庙。白老人庙已经破败不堪，摇摇欲坠。白英老人头戴平定巾，塑像在风雨侵蚀下，已经大半倾颓。他又去谒见祭祀宋礼的宋公祠。宋公祠已经荒草满地，破败凄凉，人迹罕至。万恭走进宋公祠，看到宋礼的牌位上只有工部尚书的官职，却没有谥号，心中感到非常凄凉。

万恭一直记挂着治运名臣宋礼。在《治水筌蹄》一书中，他详细记述了宋礼治理运河的功绩。万恭首先全面分析了宋礼治理运河之前南粮北运的困难局面。他指出，在永乐皇帝迁都北京之后，朝廷百官、六军将士离不开南方粮食的接济。江南漕粮通过海运抵达直沽后，再辗转运往北京。漕船在大海中遭遇风浪，人员物资损失严重，“海道险，不可运”。此外，江南漕粮还通过高邮、宝应诸湖北上，辗转经过淮河、黄河后，再陆运一百七十里抵达卫河，水运至天津，再转运北京，“陆道费，不可运”。在漕粮北运遭遇重大困难的时候，宋礼承担起重新疏浚会通河的重任。在解决会通河水源问题方面，他采纳汶上老人白英的建议：“南旺地势高，为什么不在这里分水呢？只要不让汶河南注洸河、北倾坎河，导水使之流向南旺。向南九十里流到天井，向北

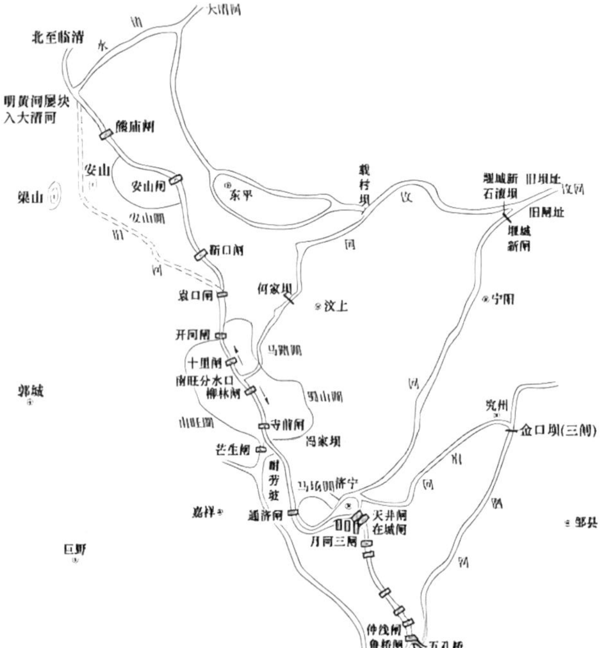

会通河主要工程设施图（《中国大运河遗产构成及价值评估》）

百八十里流到张秋，这样楼船也可以通行了。”宋礼在白英的协助下，修筑戴村坝，拦蓄汶河水，又开凿新渠一百多里，一直抵达南旺。这样汶河就能够补给运河水源。会通河重新疏浚开通后，每年约万艘漕船，运送约四百万石粮食，可以从徐州一直抵达临清。南北漕运畅通，海运随之停止。

万恭在不足三年的治河实践中，把大量精力放在治理漕运方面。他对漕运非常重视，对宋礼等开河元勋的功绩推崇备至，在《漕河议》中赞叹道：“伟哉！宋康惠之绩乎！其北道万世之计乎！……伟哉！陈恭襄之绩乎！其南道万世之计乎！”从万恭的感慨中，可以真切感受到他对宋礼的敬仰。或许，万恭也希望自己能像宋礼等人那样振兴漕运，解国忧，纾民困，建立不世功勋。

争取身后之荣

在离开宋礼祠堂之后，一想到对运河有这样大功勋的宋礼仅有工部尚书的名号，万恭的心情久久不能平静。他决心直接上书朝廷，为宋礼争取应得的荣耀。

万恭在奏疏中首先写道：“臣闻集事之臣，功以远而愈彰；崇报之君，恩以久而宜重，故上下相与以有成也。”提出了自己的看法，就是有功于国家的大臣，应当时间越久越为人所知。而君王对待名臣，也应当时间越久恩礼越隆重。万恭列举了宋礼治河功绩之后，又将他与陈瑄进行了对比：“陈瑄戮力河南，因水国以奏绩，而宋礼戮力河北，凿陆地以树勋，则二臣者固同功一体之人也。”认为宋礼的功勋与陈瑄相比不相上下。

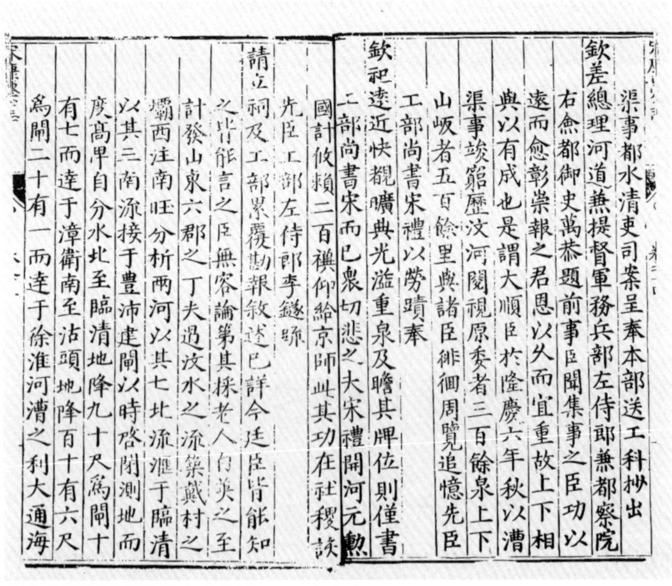
渠事都水清吏司案呈奉本部送工科抄出
欽差總理河道兼提督軍務兵部左侍郎兼都察院
右僉都御史萬恭題前事臣聞集事之臣功以
遠而愈彰崇報之君恩以久而宜重故上下相
與以有成也是謂大順臣於隆慶六年秋以漕
渠事竣舘歷汶河閱視原委者三百餘泉上下
山峽者五百餘里與諸臣徘徊周覽追憶先臣
工部尚書宋禮以勞績奉
欽祀遠近快覩曠典光溢重泉及瞻其牌位則僅書
工部尚書宋而已衆切悲之夫宋禮開河元勲
國計攸賴二百禩仰給京師此其功在社稷該
先臣工部左侍郎李遂疏
請立祠及工部累覆勘報叙述已詳今廷臣皆能知
之皆能言之臣無容論第其採老人白英之至
計發山東六郡之丁夫遏汶水之流築戴村之
壩西注南旺分析兩河以其七北流滙于臨清
以其三南流接于豊沛建閘以時啓閉測地而
度高卑自分水北至臨清地降九十尺爲閘十
有七而達于漳衛南至沽頭地降百十有六尺
爲閘二十有一而達于徐淮河漕之利大通海

《请给宋礼祀荫奏疏》（国家图书馆藏《宋康惠公祠志》）

可是“瑄蒙祭葬、赠谥、荫袭之兼隆，而礼一不与焉。为善者惧矣！”在将宋礼与陈瑄生前的功绩与身后悬殊的待遇进行对比之后，更加提出如果不能给宋礼赢得的荣耀，那么就会让认真办事的大臣因之寒心。接下来，他又记述宋礼身后“子孙陵替，名号凄凉”，这样一来，为宋礼争取荣誉与名号，就是顺理成章的了。

万恭接着提出了自己的想法。他作为总理河道，已经找寻到老人白英的直系后裔，并让他充当冠带老人，管理治河夫役，世世代代守护坎河，修补戴村坝。同时他又恳请比照陈瑄的事例，让礼部补颁宋礼恤典。再命宋礼原籍的官员查找宋礼的嫡系子孙，授予他世袭管理

白英塑像（东平戴村坝博物馆）

河道的官职，驻守南旺。他同样尊崇辅助宋礼的白英，在奏疏中写道：“白英的塑像只戴着平定巾，手执工簿，劳苦萧条，实在让人可怜。”因此也请求赠予白英官职。这样一来，“上以补先朝未备之典，下以延先臣既绝之恩，漕渠万世永攸赖矣。”

万历元年（1573）正月，皇帝颁下圣旨，允准了万恭的请求，赐予宋礼谥号，并荫宋礼嫡孙一人入国子监读书。万恭的其他请求也一并允准。此后，宋礼遂获谥“康惠”，后人遂称宋礼为康惠公。在万恭的努力下，宋礼治河功绩得到了朝廷的充分认可，宋礼付出的心血，在他去世百年之后，终于给他带来的应有的荣光。

虔心祠祀功臣

宋礼祠原本的祭祀在每年的二月、八月，由汶上县负责办理祭品，管河郎中主持祭奠。正德十一年（1516），工部郎中杨淳就曾祭祀宋礼。隆庆六年（1572）六月，万恭主持了隆重的祭祀宋礼的仪式。他在宋礼祠恭敬地诵读了祭文：

隆庆六年岁次壬申六月朔越五日己未，皇帝遣总理河道兼提督军务兵部左侍郎兼都察院右佥都御史万恭，致祭于工部尚书宋礼。兹者漕河横溢，运道阻艰。特命大臣总司开濬。惟神功存运道，庙食明时。凡前事之不忘，洵后人之表式。是用遣官，备申祭告，所望鉴兹重计，纾予至怀，急靖洪澜，佑成群役。俾运储以通济，永康阜于无疆。以刑部侍郎金纯、都督府都督周长配享。谨告。

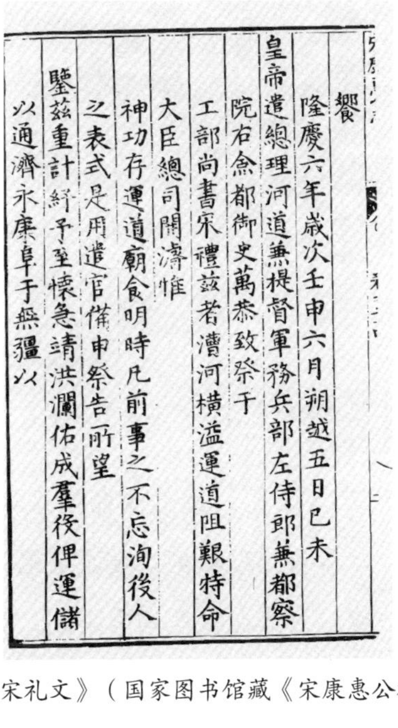
饗
隆慶六年歲次壬申六月朔越五日己未
皇帝遣總理河道兼提督軍務兵部左侍郎兼都察
院右僉都御史萬恭致祭于
工部尚書宋禮茲者漕河橫溢運道阻艱特命
大臣總司開濬惟
神功存運道廟食明時凡前事之不忘洵後人
之表式是用遣官備申祭告所望
鑒茲重計紓予至懷急靖洪瀾佑成羣役俾運儲
以通濟永康阜于無疆以

万恭《祭宋礼文》（国家图书馆藏《宋康惠公祠志》）

济宁建有一座报功祠，祭祀水神和宋礼等治河诸臣保障漕运畅通的功劳。报功祠建在济宁南门外，沂水、泗水在报功祠右侧流过，汶水、济水在报功祠左侧流过，在报功祠前交汇后，曲折前流一千二百里，在安东入海。

汶上南旺水明楼（1964 年拍摄）

隆庆六年（1572），万恭受命治理河道，漕运得以南北畅通。万恭来到报功祠，虔诚祭祀。这时的报功祠已经非常破败。万恭在报功祠内徘徊，看到摇摇欲坠的祠堂，心里很不是滋味。他对随行的官员说：“祭祀有功于漕运的神灵与名臣，是国家的祀典。祠堂年久失修，实在难以彰显当年宋司空他们的丰功伟绩啊！”万恭做事雷厉风行，当时就打定了重修报功祠的念头。在他的大力推动下，报功祠工程进展非常顺利。当年五月，河臣后祠完工；六月，水神前庭完工；七月，两座碑亭完工；八月，报功祠的围墙和大门完工。为了避免报功祠前河水的冲刷，万历元年（1573）二月，又填实了报功祠前一丈多宽地基，并沿河修筑了石堤。报功祠一改往日的破旧模样，辉煌壮丽，焕然一新。

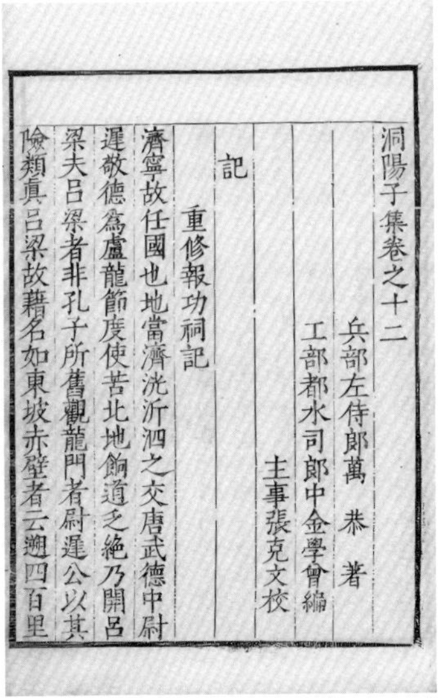

洞陽子集卷之十二

兵部左侍郎萬　恭　著

工部都水司郎中金學曾編

主事張克文校

記

重修報功祠記

濟寧故任國也地當濟洸沂泗之交唐武德中尉遲敬德爲盧龍節度使苦北地餉道乏絶乃開呂梁夫呂梁者非孔子所舊觀龍門者尉遲公以其險類眞呂梁故藉名如東坡赤壁者云迴四百里

万恭《重修报功祠记》（《洞阳子集》明刻本）

在报功祠完工后，万恭恭敬地祭祀了宋礼等有功于漕运的神灵与河臣。他对随行的工部郎中张克文说：“汶河之水全入漕河以济运，是漕运的关键啊。当年元人虽然疏导汶河，但水流不畅。直到宋司空擘画南旺分水，才有了汶河建瓴直下的便利。”万恭始终念念不忘宋礼治理运河的功劳，言语之中充满了深深的敬意。

第四章 治水筌蹄 智启后人

万恭在而立之年登上仕途，到花甲之年解职家居。中间除去因父、母去世而丁忧在家近十年外，前后任职不过二十年。但他无论是考功、理刑、治边，还是治河保漕，都竭心尽力，兴利除弊，深得时誉，《明史》本传称他“强毅敏达，一时称才臣”，给予了很高的评价。他不仅实心任事，而且喜好读书，眼界开阔，开阖纵横，好持议论，军国大政多所建白。他著有《洞阳子集》，保存了他撰写的大量记文。万恭先后在南京、北京、山西等地任职，办理山西边防和漕河事务，撰写了大量奏疏，并曾结集为《万少司马京营奏议》《万少司马漕河奏议》《万少司马三关奏议》等。上述这几部书，除了《洞阳子集》存世外，其他几部书都没有流传下来，其中的部分篇目保留在《明经世文编》等文献中。在他的著作中，最为重要、影响最大的要数他在治河工程中，结合当时实际情况，总结治河经验，随手札

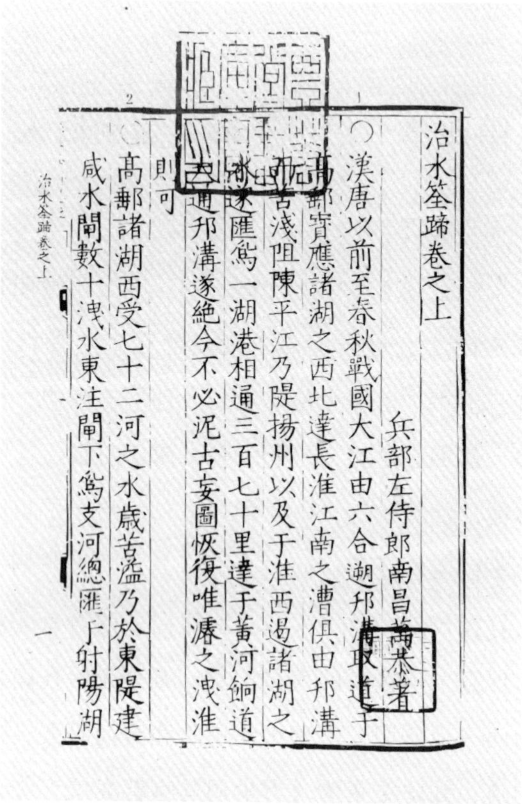

治水筌蹄卷之上

兵部左侍郎南昌萬恭著

○漢唐以前至春秋戰國大江由六合遡邘溝取道于高郵寶應諸湖之西北達長淮江南之漕俱由邘溝而古淺阻陳平江乃隄揚州以及于淮西遏諸湖之水遂匯爲一湖港相通三百七十里達于黃河餉道大通邘溝遂絶今不必泥古妄圖恢復唯濬之洩淮則可

○高郵諸湖西受七十二河之水歲苦溢乃於東隄建減水閘數十洩水東注閘下爲支河總匯广射陽湖

治水筌蹄卷之上　一

万恭《治水筌蹄》（明刻本）

记成篇的《治水筌蹄》。这部书是万恭担任总河28个月人生经历的真实记述，同时也是他治河经验的汇集与总结。其中不少闪亮的治河智慧给后来的治河者以巨大的启发，产生了重大而深远的影响。

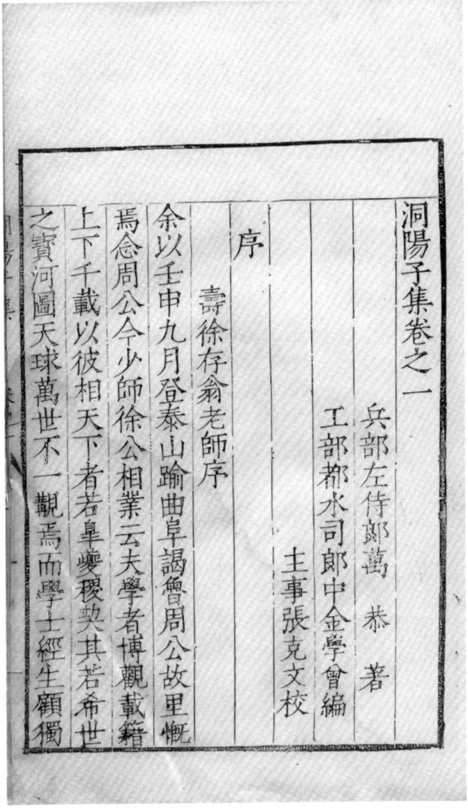
洞陽子集卷之一
兵部左侍郎萬　恭　著
工部都水司郎中金學曾編
主事張克文校
序
壽徐存翁老師序
余以壬申九月登泰山踰曲阜謁魯周公故里慨
焉念周公今少師徐公相業云夫學者博觀載籍
上下千載以彼相天下者若臯夔稷契其若希世
之寶河圖天球萬世不一覯焉而學士經生顧獨

万恭《洞阳子集》（明刻本）

潜心治水著《筌蹄》

《治水筌蹄》书名中，“筌蹄”一词出于《庄子·外物》：“筌者所以在鱼，得鱼而忘筌；蹄者所以在兔，得兔而忘蹄；言者所以在意，得意而忘言。”筌和蹄都是上古时期用竹子制成的捕捉器具。万恭以此来给自己的治水著作命名，意在表明自己所记述的内容，是治水所必备的工具。

在《治水筌蹄》序言中，他回顾自己的治河历程：“余又治临清，逆泝诸南旺；又导南旺，顺捷于茶城，与黄河会；又导茶城，历徐、吕，底于淮之北；闸天妃，泛高、宝，遂闸瓜洲；逾京口，溯姑苏，荡太湖，顺流而达于杭；又从济、漯，登泰山，望青、齐，并洸、汶，滩坎河，西系汶、洸全流驶南旺，以其七北入天津之海，而以其三南入淮、扬之海，饷始利。盖中国万里之疆，皆有帆樯之影、辙马之迹焉。”这段记述，真实地反映了他在总理河道期间，往返奔波，深入治水工地的具体实践。而《治水筌蹄》这部书，是他从治河实际出发，契合当时当地存在事实和问题，“取治水见诸行事、存案牍者，括而纪诸筌蹄”。因此，他自信地说，这部书“非以燕说郢者也，殆郢书而郢说者也”。

《治水筌蹄》成书及刊刻年月，没有具体记载。从该书内容和自序，以及邓以讃所撰万恭墓志铭“是岁（指万历元年，即1573年），漕入都独早，且无害。公又念浊河迁变无常，穷极利害，为《治水筌蹄》，以贻后来。会南台摘公它端，寻谢事归里”等记述来看，《治水筌蹄》的初刻本，当刊于万历二年（1574）四月万恭离任总河之前，很可能在万历元年（1573）年内。大约在万历五至七年间（1577—1579），张文奇在南旺分司任内

万恭手书戊己山碑刻

又加以重刊。万恭原刻本今已不存，张文奇重刊本分为上下两卷。上卷29页，下卷32页，均为半页10行，行20字；首页署“兵部左侍郎南昌万恭著”，书末题“后学长洲张文奇重刊于南旺公署”。张文奇，字原正，南直隶长洲人，万历五年（1577）进士，同年任南旺分司副使。钱谦益《绛云楼书目》、黄虞稷《千顷堂书目》均著录此书，但未注明版本信息，是否为原刻尚难确定。这部书在几年之间一再刊刻，并由水利官署重刊，也反映出此书的巨大价值。

从内容形式来看，《治水筌蹄》实为万恭治理黄运过程中的工作笔记。全书分条叙述，共有148条，既不列纲目，也不分篇章。而且各条长短悬殊，长的接近两千字，短的仅有数十字。而且前后排列也没有规则。从内容来看，涉及治黄理论与思考、黄河防汛与施工、黄河修守制度、运河河道与治理、航运管理与水量调节等诸多方面。万恭撰写此书，目的在于总结自身治河经历与经验，为后任河臣提供治河参考。因此不拘形式，不加矫饰，具有很强的操作性与实用性。《治水筌蹄》对后世的影响，在万历初年到清光绪末年三百多年来治黄、治运的大量历史文献中，经常有所反映。朱之锡《河防疏略》直接称其“治河书”，《行水金鉴·略例》推崇它治水“诸法俱堪不朽”。张伯行《居济一得》、傅泽洪《行水金鉴》、陆燿《山东运河备览》等水利专著中

小贴士：张伯行

张伯行（1651—1725），字孝先，号恕斋，河南仪封人。康熙二十四年（1685），考中进士。后潜心程朱理学，卓然成家。三十一年（1692），补授内阁中书，三十三年（1694），回乡为父守丧。三十八年（1699）夏，仪封城遭大雨，招募民众装土截洪，百姓安然无恙。河道总督张鹏翮奏请让张伯行办理河务。张伯行多次推辞，后以原衔参与治河。历任山东济宁道、江苏按察使、福建巡抚。四十八年（1709），调任江苏巡抚。五十年（1711），因科场案与总督噶礼互参，几经周折，再罢又起，仍复原任。五十四年（1716），任南书房行走。五十九年（1721），补授户部右侍郎。次年，钦点会试总裁。雍正元年（1723），迁礼部尚书。三年（1725）逝世。张伯行勤于为政，造福百姓，清正廉明，被誉为“天下第一清官”。为官期间，以兴学育才为己任，重视文教，在许多州县修建学校、义塾，培养人才。著有《居济一得》《道学源流》《道统录》。

都转录了《治水筌蹄》书中的内容，其中《行水金鉴》存录最多，其卷二十七、二十八、一二〇、一二一、一五七均加移录，超过原书的五分之三。除水利专书以外，一些地方志也很重视《治水筌蹄》，如《（雍正）河南通志》，《（嘉庆）萧县志》《（道光）宝应图经》《（光绪）祥符县志》等都曾摘引《治水筌蹄》中的内容。

总体来看，《治水筌蹄》一书虽篇幅不长，然言约而意丰，所持观点不拘古法，不尚空谈，得自实践，而又善于创新，展现出万恭非凡的识见和卓越的才华，是明清治河史上承前启后、不可多得的水利杰作，也是一笔优秀的中国水利科学遗产。

及时掌握水情

在就任总河之后，万恭首先深入调查黄运治理面临的复杂形势。他说：“有谚语说：‘胸有全河，而后能治河。’又有谚语说：‘以图御者，不尽马之情。’有图的话，御马还不能得心应手，何况是连图也没有呢？”他从黄河三门东下，经过七津，一直到徐州东北的秦沟，沿途考察黄河河道。又派遣治水使二十人，沿着白河，直到天津，沿着卫河，直到临清，了解到大量黄运实际情况。他又派遣善于绘图人员，从孟津沿着黄河东行两千里，一直到瓜洲、仪征，绘制了《黄河图》，再从张家湾沿着运河南行两千八百里，直到瓜洲、仪征，绘制了《运河图》。他主持绘制的《黄河图》《运河图》，不仅记载了州县、河渠、河湾，而且在上面标注了沿革变迁。在绘制完成后，他又将图刻在石碑上，立在济宁总督河道都御史署内的四思堂前。经过多方了解，万恭全面掌握了复杂严峻的黄运形势，在后续的治河中真正做到了胸有全河。万恭主持绘制的《黄河图》《运河图》虽然没有流传下来。但是有学者指出，潘季驯在《河防一览》中收录的黄运地图就是在万恭绘制地图的基础上完成的。

潘季驯编绘《河防一览图》（局部）

万恭认为：“凡患害急缓，堤防善败，声息消长，总督者必先知之，然后血脉通贯可从而理。”因此，他在初步总结和掌握了水流涨落基本规律的基础上，创造性地建立了上起潼关、下达宿迁的飞马报汛制度，并规定：“黄河盛发，照飞报边情摆设塘马，上自潼关，下至宿迁，每三十里为一节，一日夜驰五百里，其行速于水汛。”这样的话，黄河水患大小、河堤情况，治河官员都能提前知道。在治理黄河、应对汛情的时候，就能血脉畅通，从容办理，掌握治河的主动权。万恭创新建立黄河报汛制度，充分体现了明代防汛理念、技术与经验的进一步提高，这是黄河防洪史上的一个重大事件。

《治水筌蹄》指出：黄河“以伏秋迅烈，消长叵测，守之不固，则堤岸横冲。”黄河洪水“暴猛虽有其时，而衰弱亦有其候”。首次明确指出掌握汛情的重要性和必要性。在治河实践中，他注重总结黄河汛期的规律：“夫黄河，非持久之水也！与江水异。每年发不过五六次，每次发不过三四日。故五、六月，是其一鼓作气之时也；七月，则再鼓而盛；八月，则三鼓而竭且衰矣。”“逮至秋深气降，河势自倦，不战而屈之矣。”已经认识到黄河多短时洪峰的特点。他进而总结出“防河者，吃紧止在五、六、七月，余月小涨不足虑也”的防洪经验，认为“是在我者执常胜之枢，在彼者无必胜之势”。

万恭注重了解水情，预筹应对的策略，与他此前在山西前线防范蒙古入侵的经历密切相关。他说：“防河，请以战喻。”蒙古骑兵“以秋高跋扈，出没无常，防之不严，则内地荼毒”，边境百姓往往遭到抢掠。万恭称，当年防范蒙古骑兵“于雁门关外，无他长也，不过审盛衰之机，委之、持之而已矣！”他进一步指出：“故善委，则敌易疲；善持，则敌易竭。是我常为主，彼常为客，复有不可守之河，不可破之虏哉！”万恭将备边山西的经验用在黄河治理上，在黄河水势浩大、堤防难以固守的时候，“姑以不要害之堤，委而尝之，以分弱其势，以全吾要害”。等相持到黄河水势渐渐消落，就将此前委弃之堤随时修补完整，并加高培厚，这样一来，“黄河攻击我的办法有限，可是我防范黄河的办法无穷。以无穷来防有限，哪能不胜呢？”这在黄河防汛中，无疑是切合实际、符合规律的正确做法。

首提“束水攻沙”

黄河是世界上含沙量最高的大河，治理泥沙乃是治河的根本问题之一。但是对治沙的认识和实践却经历了漫长的历史过程。延及明代，由于河患空前严重，促使人们总结历代治水经验，进一步加深对黄河治理的认识和探索。其中万恭做出了突出的贡献，产生了深远的影响。

万恭在勘察和工程实践的基础上，分析了黄河水沙运行与河道淤积的关系。在《治水筌蹄》中，他反复论述治水与治沙问题：

> 夫水专则急，分则缓；河急则通，缓则淤。治正河，可使分而缓之，道之使淤哉？
>
> 夫水之为性也，专则急，分则缓；而河之为势也，急则通，缓则淤。若能顺其势之所趋而堤以束之，河安得败？
>
> 彼浊者尽沙泥，水急则滚，沙泥昼夜不得停息而入于海，而后黄河常深、常通而不决。

淤不得停则河深，河深则永不溢，亦不舍其下而趋其高，河乃不决。

万恭在治水实践中，充分认识到黄河流速与泥沙淤积的关系。黄河水含沙量大，只有修筑堤防，将散漫四流的黄河水约束在固定的河槽之内，保证较大的水量和流速，使泥沙昼夜不停，直接流入大海，才能保证“黄河常深、常通而不决”。这一理论能在相当程度上解决下游河道淤塞和黄河泛滥问题，在当时历史条件下是一个划时代的进步，对于应对洪水，巩固堤防，减缓黄河河底淤高，都具有巨大的作用。

这其中，离不开一位虞城生员的启发。虞城当时濒临黄河，虞城生员可能是一位有治河经验，而社会地位又较低的读书人。这位生员向万恭提出了“以河治河”的建议，指出：“用人力来治河，不如用河来治河。黄河水势湍急，就着黄河水势，借用黄河急流之力，河道可以使之浅，也可以使之深，一切都在掌握之中。”万恭正日夜思考治理黄河的办法，一下子就被虞城生员的话吸引住了，连声问道：“这要怎么去做呢？”虞城生员说：“要是想让黄河北侧河槽淘深的话，就在黄河南侧修堤，那么北侧河槽就能越来越深。要是想让黄河南侧河槽淘深的话，就在黄河北侧修堤，那么南侧河槽就能越来越深。要是想让黄河中间河槽淘深的话，就在黄河南北两侧都修筑堤防，约束黄河河身，那么黄河水就直接冲刷河槽中部，河底也就越来越深了。这就是利用黄河水性，借黄河水力治河的办法，比用人力治河效率要高成千上万倍。”

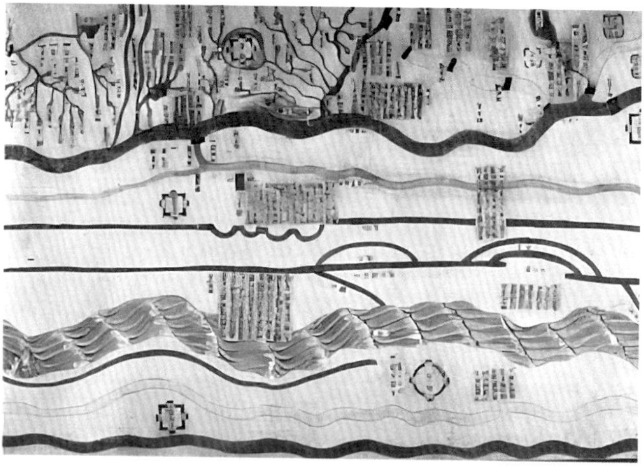

“束水攻沙”示意图

万恭听后，连连称好。他把虞城生员的话记录下来，收入到《治水筌蹄》中，保存了明代束水攻沙的重要记录。只可惜，他没有记下这位做出巨大贡献的虞城生员的姓名，现在已经无从考证了。后来，万恭在治理徐州、邳州黄河的时候采用了虞城生员筑堤束水攻沙的办法，取得了很好的效果。他在《治水筌蹄》中记述治理茶城口河道的情况。当时茶城口淤浅为时已久，万恭说："茶城口之浅，十年患之。盖闸河之口逆接河流，河涨，直灌入召淤耳。而北崖悉洲沙。"因此，他修建了大南堤，以逼水流，"南堤急，则北沙悉溃，水渐徙而北，茶城之口以逼而益深，且顺而东，与黄河夹流半里而后会"。隆庆六年（1572）十一月，在徐州以下筑堤工程完工后，他对这一理论进行了总结："故欲河不为暴，莫若令河专而深。欲河专而深，莫若束水急而骤，束水急而骤，使由地中，舍堤别无策。"因此，他认为"今治河者"就要"第幸其合"。河水没有旁流分水，"势急如奔马"。这样再"从而顺其势，堤防之，约束之，范我驰驱，以入于海。淤安可得停？淤不得停则河深，河深则永不溢，亦不舍其下而趋其高，河乃不决"。在万恭看来，束水才能攻沙，而束水的关键，就在于修筑堤防。这也是鉴于黄河河道长期紊乱横流，淤垫严重，灾害频繁，提出筑堤纳水，归于一槽，而采取的行之有效的办法。

勘察河情

此后，潘季驯吸收和借鉴了这一理论。他在《河议辩惑》中称：“黄流最浊，以斗计之，沙居其六，若至伏秋，则水居其二矣。以二升之水载八斗之沙，非极迅溜，必致停滞。”“水分则势缓，势缓则沙停，沙停则河饱，尺寸之水皆由沙面，止见其高。水合则势猛，势猛则沙刷，沙刷则河深，寻丈之水皆由河底，止见其卑。筑堤束水，以水攻沙，水不奔溢于两旁，则必直刷乎河底。一定之理，必然之势，此合之所以愈于分也。”就是对万恭束水攻沙理论的细化和引申。经过潘季驯等人的不断发展和推广，“束水攻沙”这一著名的治河理论逐渐成为此后几百年治河的基本方略。清代康熙年间的治河专家陈潢指出：（潘季驯）“以堤束水，以水刷沙之说，真乃自然之理，初非矫揉之论。故后之论河者，必当奉之为金科也。”水利专家李仪祉在论及潘季驯治河时也说：“黄淮既合，则治河之功唯以培堤闸堰是务，其功大收于潘公季驯。潘氏之治堤，不但以之防洪，兼以之束水攻沙，是深明乎治导原理也。”“束水攻沙”理论在后世产生了深远而重大的影

小贴士：陈潢

陈潢（1637—1688），字天一，号省斋，浙江嘉兴人，清代治河名臣、水利学家。自幼聪慧好学，博学多才，好读水利农田书籍，精研治理黄河学问。康熙十七年至二十二年（1677—1683），陈潢着力解决严重的水患问题，把修筑堤防、堵塞决口作为重点。二十二年至二十七年（1683—1688），把治理重点转到了运河方面，集中精力解决漕运问题。二十七年（1688），遭诬陷逮捕入京，未及下狱病死。三十一年（1692），平反昭雪。陈潢在治河理论和技术上有不少创造发明，如测水法测量水的流速、流量，即为对中国水利事业的突出贡献。著有《河防述言》。

响。而作为这一理论的最早提出者和实践者，万恭在古代治河理论发展史上无疑占有重要的位置。

巧用黄运堤防

堤防在治河保漕方面发挥了重要作用。如前所述，在万恭“束水攻沙”的实践中，就离不开修筑堤防。合理修堤，不仅可以约束水流，冲刷泥沙，淘深河底，而且可以防范黄河决口漫溢。这一做法，已经在上文中进行了记述。除此之外，《治水筌蹄》在堤防方面也提出了不少新的观点和思路，并进行了具体的实践和探索。

在虞城生员在向万恭提出修筑堤防，借水力以刷深河道的建议后。万恭接着问道：“要是让河水淤积成洲，要怎么做呢？”

虞城生员答道：“要修建坚固河堤，让上涨的洪水可以越过堤顶。这样涨水消退之后，大堤外侧就能淤积成洲了。”著名水力专家张含英先生认为，万恭所指的“堤”不专指河道两岸的一般土堤，还指导流坝、挑水坝，即可以漫过水流的滚水坝。涨水时，从滚水坝溢出的河水可以落淤，填高洼处，加固背河堤脚，培厚堤

挑水坝

身。后来，万恭治理茶城段黄河的时候，采用这一办法，取得显著效果。当时黄河东流，在徐州茶城之南的镇口，汇入自北而来的泗水运道，折向南流。在这个交汇之处，黄河水势浩大，于是逆灌泗水，运道经常淤浅，影响南北航运。万恭在交汇处的东岸修筑一道半里多长的大堤。一以顺黄河之流，使其径直南下，不致倒灌泗水；一以紧束泗水，猛力冲出。工程完工后，交汇处的东岸渐渐冲深，达到以河开河的效果。河的西岸渐渐淤厚，大堤更为高厚坚固，两水并行南下，在淘深河道的同时，也培厚了河岸。

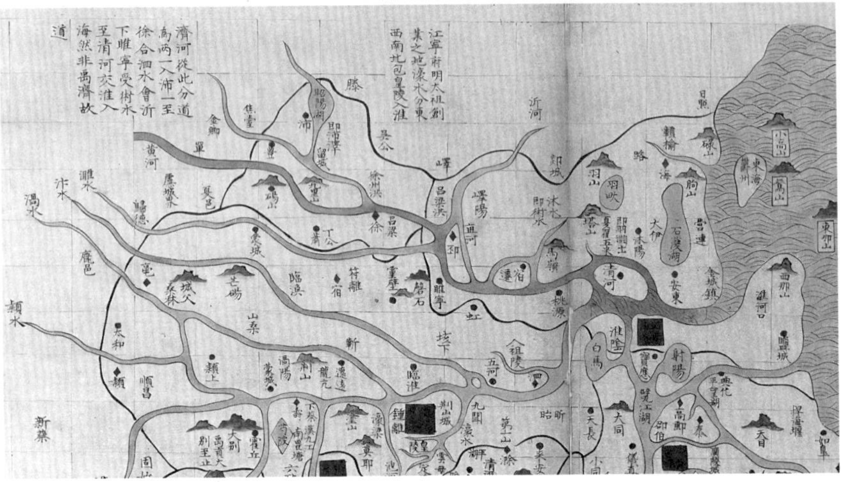

《黄河图》（明代）

遥堤、偪堤、曲堤、直堤四种堤防，后世论著往往认为是潘季驯的创造。其实万恭在《治水筌蹄》中已经有了记述。万恭明确提出“有四堤：曰遥，曰偪，曰曲，曰直”。他首先指出：“黄河四堤，今治水者，多重遥、直，而轻偪、曲。”并对各种堤防的功用与优缺进行了辨析：“不知遥者利于守堤而不利于深河，偪者利于深河而不利于守堤；曲者多费而束河则便；直者省费而束河则不便。”而且“太遥，则水漫流而河身必垫；太直，则水溢洲而河身必淤”。因此四种堤防的使用，关键在于随时权衡变通。

小贴士：遥堤、缕堤

遥堤为远河外堤，属主堤或正堤，是用以防御大洪水的堤防，堤身高厚。非汛期，堤内有大片滩地出露，滩上常筑有较小的缕堤和格堤等。缕堤是筑于两大堤之间，围护部分滩地、抵御较小洪水的堤防。堤身低薄，遇较大洪水就淹没滩地，成为行洪区。

此外，他又将截水堤与缕水堤进行了对比，指出："河堤之法有二，有截水之堤，有缕水之堤。截水者，遏黄河之性而乱流阻之者也，治水者忌之。缕水者，因河之势而顺流束之者也，治水者便之。"他认为截水堤可以"施于闸河，而不可施于黄河。盖黄河负悍湍之性，挟川潦之势，投之所向，何坚不瑕？"他注重使用缕水堤，在隆庆六年（1572），他"复循曹、单、丰、沛，跨戚山、华山，为之缕水堤二百里，是泰黄以缕水为肤，缕水以泰黄为骨，南北相峙，掎角之势也"。通过修筑黄河缕堤，配合泰皇堤，以有效防范黄河决溢。潘季驯的思路与万恭类似。他提出："筑遥堤以防其溃，筑缕堤以束其流""而遥堤之内复筑格堤，盖虑决水顺遥而下，亦可成河，故欲其遇格即止也。缕堤拘束河流，取其冲刷也。而缕堤之内复筑月堤，盖恐缕逼河流，难免冲决，故欲其遇月即止也”。万恭在治理山东运河的时候，还创新使用缕水小堤。此种堤防在秋天水落后修筑。如果河道平浅，就在两旁修筑缕堤；如果河道偏浅，就在浅处修建缕堤。建好的缕堤高五尺，底宽四尺，顶宽二尺，并夹筑小桩和秸草。在疏通运河河道、防范淤浅方面效果很好。

靳辅塑像

万恭各种堤防配合使用的理念在清代也得到继承和运用。清代治河名臣靳辅称：“今莫妙于筑缕堤以束水，而以遥堤并加筑格堤以防冲决，使守堤人等尽力防护缕堤，设或大水异涨，即有漫冲，亦至遥堤、格堤而止，自不至于夺河成缺。”陈潢亦称：“黄水泛滥，因遥以汰黄，可无漫溢之虞。黄水归槽，借缕以束黄，可免淤垫之患耳。”由此可见，万恭因地制宜、合理修筑堤防理念对后世影响的深远。

注重治河物料

万恭在治河物料上也进行了探索和创新。山东运河筑堤防汛，原本多用柳枝。万恭看到闸河沿线多有大湖，湖里生长芦苇很多，在运河长堤边上生长的蒿草很

苇荡

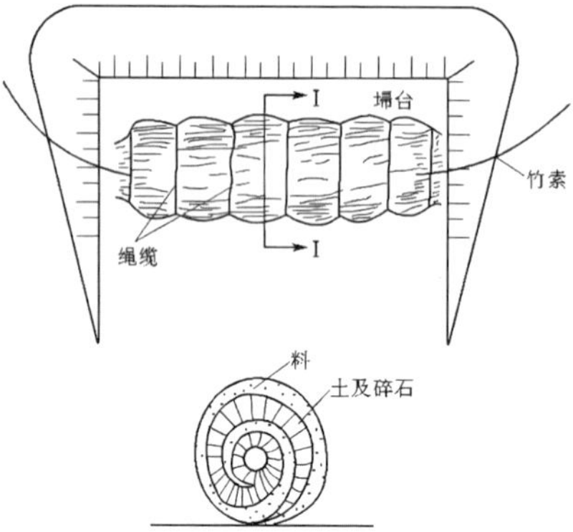

卷埽形制示意图（《中国古代防洪工程技术史》）

多，但是都没有得到利用。万恭命河务官员督率民夫，在九月收割芦苇、蒿草，存贮起来。他说：“芦苇可以替代柳枝，蒿草可以替代谷藁。这样一来，制造卷埽的材料就能取之不尽，用之不竭了。”他在《治水筌蹄》中列举了靠山、箱边、牛尾、鱼鳞、龙口、土牛、截河、逼水等八种埽，这在明代治河史上是较早的。万恭认为，对于险工河段，物料准备更要充足。他特别提及黄河险工，如河南的铜瓦厢、陶家店、练城口、判官村、穵泥河、荣花树、刘兽医口，山东的武家坝、瓦壀口等地，均为黄河河工的要害之处，都要每年准备可供两年使用的桩、草、苘、麻、柳梢等物料。

小贴士：卷埽

卷埽是一种古代治水技术，主要用于加固河堤，防止洪水侵袭。卷埽制作过程包括选地、铺料、卷捆、就位等步骤。首先选择一处宽平堤面作为埽场，然后沿地面密铺草绳，草绳上铺以梢枝、芦苇之类软料，软料上压土一层，并掺以碎石，再将大竹索横贯其间，即所谓“心索”。再将逐层铺好的埽料卷捆起来，用较粗的尾绳拴住两头，做成埽捆。将埽捆移至堤身薄弱处，推入河中，系于堤岸柱橛上，在埽上打进长木桩，直透地下，以稳定卷埽。

淮南修建河闸，过去都是在江南一带凿取石头，距离很远，运送困难。万历元年（1573），修造高邮、宝应一带建闸，万恭让石匠改由徐州山上凿石取材，又命回空漕船顺道载运。每年回空的漕船有八千多艘，每艘运载三块石头，每年就能运石两万四千块，可以修建二十座河闸，不仅可以节省大量费用，同时也能减轻百姓负担。

在运河维护方面，万恭也注重发挥百姓的力量，认为“运河之存也以堤，堤之固也以民”。此前官员担心百姓居住在堤边，会随意破坏堤防，因此往往赶走百姓，远离大堤。万恭则召集居住在堤边的百姓，和他们约法三章：商贾辐辏、人烟密集的定为上堤，每年按例缴纳地租；百姓聚集，但是商贾不停留的定为中堤，过三年再适当缴纳地租；野旷民稀的定为下堤，就让百姓作为自己的产业，永不征地租。这样一来，半年时间，就迁来了三千多户。万恭认为，要是推广开来，南北运河沿岸百姓往来，树木掩映，漕船行驶于两堤之中，实在是天下至安至适的地方。这样一来，既能保全河堤，又能保障民生，用不着赶走百姓。

强化河务管理

办理河务工程，不仅要储备充足的物料，还要有合理高效的制度。万恭认为：“黄河之骤，急如风雨。”他将防汛与防边进行了比较，指出“有备无患，与防边同，而防河又腹心，与防边四肢之患异”。在他看来，加强防汛，办理黄运工程，是关系腹心的要务，不能丝毫掉以轻心。他将在山西办理军务的经验用在黄河河务上，并指出：“守边之法，驻信地者曰正兵，参将、守备掌之，战守无定，随贼向往者曰进（按：当为“遊”，即“游”，原文刊刻有误）兵，游击、将军掌之。”万恭认为“有堤无夫，与无堤同，有夫无铺，与无夫同”。因此参照防边的“正兵”“游兵”，设定“正夫”“游夫”。

首先是“正夫”。万恭在徐州、邳州一带黄河关键河堤，每三里设定一铺，每铺设三夫守护。黄河南岸从徐州青田浅起，直至宿迁小河口而止；北岸从吕梁洪城起，直至邳州直河而止。南铺以千字文来编号，北铺以百家姓来编号。各按各自的信地，平日修补堤岸，浇灌树株。黄河发生汛情后，就各自在信地防守。若遇到河堤决口，管铺老人就立即鸣锣报警。附近老人率领铺夫立即赶来协助抢险，尽快堵筑决口。

其次为“游夫”。万恭在“正夫信地之外，各设游夫一枝五百名”。他规定以五十名为一伍，设立伍长一人；以五百名为一队，设立队长一人。无事的时候，“则驻定如山，协正夫以修”。有警的时候，队长带领游夫五百赶到，“则巡逻如风，纠正夫以守”，和正夫一同抢险。万恭规定，每年五月十五日上堤巡守，九月十五日下堤。这样一来，就形成了严密的黄河日常巡逻、维护堤工的常态化、网格化机制，对于及时抢护河堤险情，保障大汛安澜，发挥了重要的作用。

规范漕运制度

万恭注重对漕运制度的创新。为了保证行船，避免稽延，他创造了漕船航运管理“攒运格单”。在漕船进入瓜洲、仪征的时候，每个船帮都由主事给格单一张。每张格单用千字文编号，以月份为纲，以日为目。每月下面划分三十格，上面填写行船几十里，在某处停泊。如果碰到阻风、剥浅、挨帮等事故，就如实填写在格内。等到漕船经过济宁的时候，就按目稽查，漕船行驶

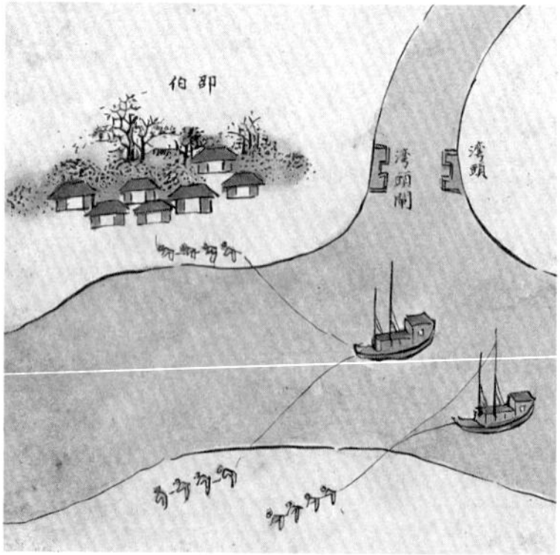

挽运图

情况一清二楚。等到漕船回空的时候，再由通惠河郎中填给格单，照上面的办法办理。这样一来，漕船按帮行进，井然有序，效率很高。

山东闸河河道狭窄，船只通行困难。万恭看到入春之后，闸河水小，而南下的空载漕船、北上的运粮漕船挤在闸河之中，容易磕碰损坏，船只通行困难。他因此规定，要用本处的漕船兑运本处的漕粮。要是漕粮多，漕船少，或者漕船多，漕粮少，才允许与其他州县调剂。到了春天，从南到北，闸河之中都是北上的运粮重船，不让一艘空运漕船夹杂其中。这样漕船吃水相同，行动一致，鱼贯而行，通行效率大大提高。

会通河聊城土桥闸

万恭认识到山东运河缺水的问题，想办法在漕船运行时，最大限度利用水源。万恭说：“理闸如理财，惜水如惜金。”他看到漕船吃水最多超不过三尺五寸，要求疏浚运河不得超过四尺，最大限度利用河水，输送漕船。为了充分利用河水，他还尝试通过加大漕船密度提高水位。闸漕每一里，若是排满漕船的话，可以容纳九十艘。过去规定，只要凑够三十艘漕船，就可以过闸。万恭经过深入考虑，大胆让漕船一次凑足九十艘，运河中漕船密排，运河的水位随之上升。每次开闸，都能保证九十艘漕船通过，大大提高了通航速度，河水利用的效率也大大提升。

万恭还指出，漕船行经山东运河的时候，要根据行船需要调整河闸启闭。特别是春夏之交，漕船容易

小贴士：临清闸

临清闸历史悠久，始建于至元三十年（1293），是会通河入卫河端始船闸，与会通闸、隘船闸三位一体，《元史》称其为“运环闸”。弘治三年（1490），闸墩、四向雁翅加高叠砌城砖墙，更为高厚坚固。

浅阻。若是运船在济宁一带搁浅，那么就关闭南旺北闸，导引汶水全部南流；若是漕船在东昌一带搁浅，就关闭南旺南闸，导引汶水全部北灌临清。万历元年（1573），用这种方法调节河水，漕船行驶非常顺畅，一天之中经过临清板闸北上的漕船就有七百艘。十天功夫就送过漕船六千余艘，取得了很好的效果。

第五章　遭劾去职　归隐田园

万恭殚精竭虑，在治理黄运、保障漕运方面做了大量工作。但黄河水情变化不定，防守治理难度很大。万历元年（1573），黄河洪水浩大，漕船阻滞难行。工科署科给事中朱南雍弹劾万恭办理不力，万恭因此遭到万历帝严旨切责。第二年，万恭又遭到言官弹劾，遂去职归里，直至去世，未再出仕。

河运不畅遭弹劾

万历元年（1573）七月，黄河伏秋水大，徐州一带黄河水势浩荡。当年九月，万恭上奏称，黄河水经过一个月时间才得以归槽，故老都说从没见过这样大的洪水。他主持修筑房村口堤防一百余丈，保证了黄河安流。又疏通茶城口淤塞十余里，一千多艘回空船只得以迅速通过。工部上奏称：茶城在八月内淤浅，数千只回空粮船南行受阻，一定要昼夜疏通河道，才能保证不会影响来年新运。徐州、邳州一带河堤逼近河身，应照原议修筑遥堤，“凡一应河防事宜，务兼听集思，纡谋远虑，求建长治之策，勿苟目前之安”。皇帝得报称：“运船淤阻至数千只，明年粮运必致有误。便行与万恭上紧设法挑浚，毋慕虚声，务收实效。”言语之中已经暗含了对万恭办理河务的不满。

治水雕塑

当年九月，万恭正在治河一线奔波的时候，遭到了工科署都给事中朱南雍的参劾。朱南雍说茶城一带淤塞二十余里，万恭征派数万民夫挑浚，仍未挑通，阻滞在上游的回空粮船绵延五十多里。幸好黄河在旁边冲出小沟，万恭督率军民拖拽空船，从小沟南下，每天不过可以通行七八只。假如回空船只不能及时南下，一定会影响来年漕粮北运。因此要求朝廷命万恭戴罪治河，认真办理河务，以图将功补过。工部也同样认为万恭办理河运不力。万历皇帝因此下旨切责万恭。

小贴士：工科给事中

工科给事中为明清工科职官。洪武六年（1373）设，二人，秩正七品，推年长者掌印。二十四年（1391），设四人，秩正九品。建文中改为从七品。南京工科亦设一人。分掌阅视军器局、巡视节慎库、稽察宝源局之事。顺治中沿设，汉二人。康熙四年（1665）改设满、汉各一人。初制为从七品，雍正七年（1729）升为正五品。分掌稽核工程，注销工部文卷等务。光绪三十二年（1906）裁撤。

万历二年（1574）正月，工科给事中上疏，请求朝廷命万恭加紧疏浚茶城及房村一带河道，避免淤浅阻运。三月，刑科左给事中郑岳奏称：国家借茶城至淮安五百里黄河为运道，茶城有倒淤之患，徐州有淹城之危，邳州有淤塞决口之虞。去年淮安一带黄河水发，冲毁民居。海口壅塞，上游河水下泄不畅，河水因此四处漫溢。工部奏请命万恭亲至海口踏勘具奏。因万历元年、二年黄河水情严峻，漕船行驶受阻等原因，万历二年（1574）四月，朝廷命总督河道万恭回籍听用，命巡抚山东都察院右佥都御史傅希挚继任。万恭结束短暂的总河人生，回到南昌故乡。

退职家居系桑梓

万恭退职返乡后，仍然关心时政，心系百姓。官员与百姓若有隔阂，看法不一，他往往会居间调停。当时实行的条编门摊等事务，都离不开万恭的指导协调。正是因为万恭的努力，所以百姓能安心从事农桑之业，而没有吏卒追呼征比的忧虑，万恭在这里起了很大的作用。后来连年灾荒，百姓生活困苦，国家财政也颇为困难。万恭虽然已经不在官位，但是仍然作了《钱谷》《屯盐》二议。在这两篇文章里，他主张鼓励民间开矿，不管是熔铸还是贩运，官府都不必过问。他指出，屯田的关键在于鼓励耕种，驻扎边境的军队和商人开垦的土地永远不征收钱粮。看上去国家收入会减少，但能使钱货流通，国家富裕，边防稳固，实际上收益会更大。从这里，也能看出他开阔的思维和出众的眼界。

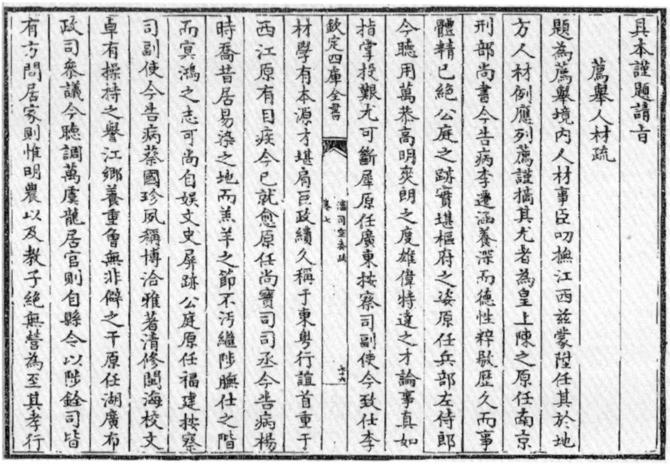
具本謹題請旨
薦舉人材疏
題為薦舉境內人材事臣叨撫江西茲蒙陞任其於地
方人材例應列薦謹槁其尤者為皇上陳之原任南京
刑部尚書今告病李遷涵養深而德性粹歷久而事
體精已絕公庭之跡實堪樞府之姿原任兵部左侍郎
今聽用萬恭高明爽朗之度雄偉特達之才論事真如
指掌投艱尤可斷犀原任廣東按察司副使今致仕李
欽定四庫全書　潘司空奏疏　卷七　七十六
材學有本源才堪肩巨政績久稱于東粵行誼首重于
西江原有目疾今已就愈原任尚寶司丞今告病楊
時喬昔居易猻之地而羔羊之節不污繼陟膴仕之階
而冥鴻之志可尚自娛文史屏跡公庭原任福建按察
司副使今告病蔡國珍夙稱博洽雅著清修閩海校文
卓有操持之譽江鄉養重曾無非僻之干原任湖廣布
政司參議今聽調萬虞龍居官則自縣令以陟銓司皆
有方問居家則惟明農以及教子絕無營為至其孝行

潘季驯《荐举人材疏》

万恭为人神采焕发，举止雍容，办理实务经验丰富，又非常熟悉朝廷典故，因此所提出的观点和意见都很切合实际，颇为实用。万历四年（1576），潘季驯担任巡抚江西。他给万历皇帝上了一篇题为荐举境内人才的奏疏。潘季驯对万恭的才能颇为了解，特别是万恭担任总河，治理黄运，成绩显著，更给潘季驯留下了非常深刻的印象。在这份奏疏中，他赞扬万恭“高明爽朗之度，雄伟特达之才，论事真如指掌，投艰尤可断犀”，给予了很高的评价。他认为万恭等人“品格不同，才识亦异。然考其素履，询诸乡评，皆为江右杰出，所当荐扬者也”。因此，他恳请万历皇帝命吏部再加查访，起用万恭等人，则“才识或可以济时，志行或可以励俗”，对国家一定很有助益。但是，此后万恭还是未能重新得到任用。

魂归进贤鹤仙峰

时光荏苒，万恭在六十岁时去职家居，转眼十七年过去了，万恭也成了一位七十七岁的垂暮老人。往日的壮志已然被岁月冲刷得淡了不少，但他还是会时常回忆起在山西边防的岁月，更是难以忘记治理河漕的经历。或许当他回忆往事的时候，也会认为担任总河的两年多是他人生最有意义和值得回味的一段岁月。

万历十九年（1591）十一月，万恭在家乡去世。噩耗传来，他的朋友、学生和各地百姓数千人不由得失声痛哭。不少百姓边哭边说：“今后到哪里再去找象万老先生这样能关心体谅百姓的长者啊！”当地官员上报了万恭去世的消息，万历皇帝也非常痛惜，并派吏部循例赐予祭葬。万恭去世后，安葬在南昌府进贤县鹤仙峰之顶。这处葬地是万恭生前选择的。万恭有子六人，安邦、安仁、安义、安理、安智、安信、安平，都儒雅向学，继承了万恭的良好家风。

万恭去世一年后，好友邓以讚为他撰写了墓志铭，其中概括了他的一生：

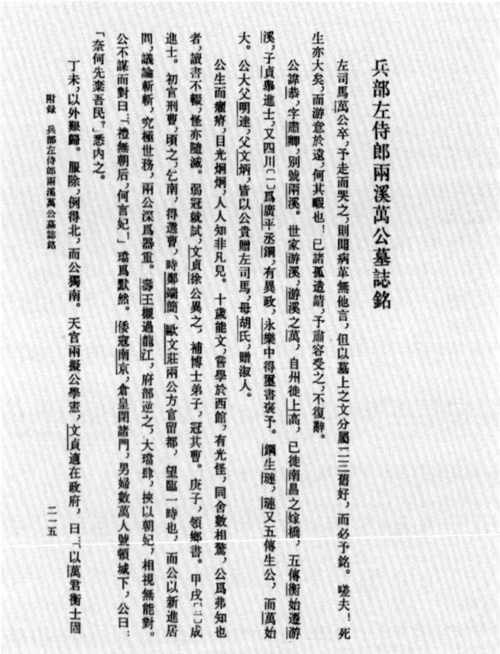
兵部左侍郎兩溪萬公墓誌銘

左司馬萬公卒，予走而哭之，則聞病革無他言，但以墓上之文分屬二三舊好，而必予銘。嗟夫！死生亦大矣，而游意於遠，何其暇也！已諸孤造請，予肅容受之，不復辭。

公諱恭，字肅卿，別號兩溪。世家游溪，游溪之萬，自州徙上高，已徙南昌之嫁橋，五傳衡始遷游溪，子貞舉進士，又四川〔一〕爲廣平丞鋼，有異政，永樂中得璽書褒予。鋼生璉，璉又五傳生公，而萬始大。公大父明達，父文炳，皆以公貴贈左司馬，母胡氏，贈淑人。

公生而癯瘠，目光炯炯，人人知非凡兒。十歲能文，嘗學於西館，有光怪，同舍數相驚，公爲弗知也者，讀書不輟，怪亦隨滅。弱冠就試，文貞徐公異之，補博士弟子，冠其曹。庚子，領鄉書。甲戌〔二〕成進士。初官刑曹，頃之，乞南，得選曹，時鄭端簡、歐文莊兩公方官留都，望臨一時也，而公以新進居間，議論斷斷，究極世務，兩公深爲器重。壽王槻過龍江，府部逆之，大璫肆，挾以朝妃，相視無能對。公不謀而對曰：「禮無朝后，何言妃！」璫爲默然。倭寇南京，倉皇閉諸門，男婦數萬人號頓城下，公曰：「奈何先棄吾民？」悉內之。

丁未，以外艱歸。服除，例得北，而公獨南。天官兩擬公學憲，文貞適在政府，曰：「以萬君衡士固

附錄　兵部左侍郎兩溪萬公墓誌銘　二一五

万恭墓志铭（朱更翎整编《治水筌蹄》）

天启大名，与数从盈，公奋自躬，有晔其闻。差次南铨，贤愚袭情。帝有戎虞，公惟能臣，乃掌禁旅，旌旗聿新；均劳外内，锡履于参，有虔秉钺，猃狁其奔；再起两河，寔为咽喉，漕通亿秭，会彼安流。玄圭未锡，老臣归国，著书盈车，单词石画。衎衎英英，阅反玄宅，铭以贞之，为示无斁。

后来，万恭之孙万燝曾任刑部主事、工部主事、屯田郎中，极言指斥魏忠贤，大义凛然，疾恶如仇，颇有其祖万恭之风。魏忠贤大怒，指使党羽将万燝拷打至死，又诬告万燝贪赃受贿三百两白银。万燝为官清廉，家中因此破产。到崇祯初年，朝廷追赠万燝光禄卿，南明福王时，又赠谥“忠贞”。万燝安葬在进贤县鹤仙峰山腰，与万恭墓相距不远。鹤仙峰与抚州临川相邻。后来，临川吴氏聚居峰下，渐渐侵占万家葬地，并盗葬二棺。万家这时已经败落，万恭后人万雨滋、万宗海多次到官府告状。临川吴氏依仗族大人多，强占不还。雍正二年（1721），江西巡抚裴幰度查清事实，命南昌府、抚州府秉公办理。当地官员亲自到鹤仙峰察看。山顶最高处有一座玉音亭，亭下为万恭之墓。墓下有一座鹤仙

小贴士：万爆

万爆（？—1624），字闇夫，号元白，兵部左侍郎万恭之孙。自幼好学，砥砺名行，万历四十四年（1616）考中进士，授刑部主事，曾经上疏论刑狱。天启初年，调任工部营缮司主事。督治九门垣墉，市铜江南，都勤于职守。升任屯田郎中，督办陵务。当时魏忠贤更加肆无忌惮，廷臣杨涟等交相抨击，均被严责。万爆愤恨，上疏弹劾魏忠贤。魏忠贤不满廷臣纷纷上奏章弹劾自己，无所发泄，想着借万爆立威，就命群阉将万爆殴打致死。崇祯初年，朝廷赠予他光禄卿衔，后又加谥忠贞。

观，是万恭生前所建，明代朝廷赐给的谕祭、谕葬二牌还悬挂在观中。再往山下走，就是万爆谕祭碑亭，亭下就是万爆墓。玉音、谕葬二亭及二墓文武翁仲、内外华表大半被吴氏损坏，但是亭基、碑址、石兽之类犹存，此处为万氏谕葬之冢确凿无疑。这座山也是万恭当年购置，山边都是万家土地。南昌县县令李莲秉公审理，临川吴氏理亏，就迁走了盗葬的棺木，治水名臣万恭从此安然长眠于青山绿水之间。

江西南昌山水

斗转星移，岁月不居。大运河经历了无数的风雨，至今千里通波，舟楫往来，以崭新的面貌迎接伟大的时代。大运河不仅是伟大的世界文化遗产，一代代治水名臣、能工巧匠和无数勤劳勇敢的中华儿女为了大运河的开凿与通航付出了心血与汗水，留下了无数壮丽宏伟的水工建筑，更留下了彪炳史册的治水理论与实践。万恭

“性警敏，善思索，当世大利病，日周回其胸中”。他在明代晚期河政衰败之时就任总河，首先提出了“束水攻沙”理念，修建坎河石滩，修复高、宝境内长堤，创新堤防修守与漕运管理制度，并给后世留下了影响深远、创新颇丰的水利名著《治水筌蹄》，是一位影响深远、成绩斐然的治黄通运理念的创新者，在中国运河史上具有重要意义和深远影响，值得我们永远怀念和敬仰。

参考文献

1.〔明〕万恭原著，朱更翎整编：《治水筌蹄》，水利水电出版社 1985 年版。

2.〔清〕张廷玉等：《明史》，中华书局 1974 年版。

3. 何宝善编：《明实录大运河史料》，北京燕山出版社 2021 年版。

4. 岑仲勉：《黄河变迁史》，人民出版社 1957 年版。

5. 张含英：《历代治河方略探讨》，水利出版社 1982 年版。

6. 黄河水利委员会黄河志总编辑室编：《黄河人文志》河南人民出版社 1994 年版。

7. 彭云鹤:《明清漕运史》，首都师范大学出版社 1995 年版。

8. 姚汉源:《京杭运河史》，中国水利水电出版社 1998 年版。

9. 姚汉源:《黄河水利史研究》，黄河水利出版社 2003 年版。

10. 邹逸麟:《椿庐史地论稿》，天津古籍出版社 2005 年版。

11. 谭徐明、王英华、李云鹏、邓俊：《中国大运河遗产构成及价值评估》，中国水利水电出版社 2012 年版。

12. 郭孟良主编：《历代治河名人传》，黄河水利出版社2016年版。

13. 张含英：《明清治河概论》，黄河水利出版社2014年版。

14. 毛振培、谭徐明：《中国古代防洪工程技术史》，山西教育出版社2017年版。